# 中华传统美德百字经

# 俭·俭以成德

于永玉 胡雪虎◎编

U0095421

　　一段历史之所以流传千古，是由于它蕴涵着不朽的精神；一段佳话之所以人所共知，是因为它充满了人性的光辉。感悟中华传统美德，获得智慧的启迪和温暖心灵的感动；品味中华美德故事，点燃心灵之光，照亮人生之路。

天津人民出版社

**图书在版编目（CIP）数据**

俭：俭以成德 / 于永玉，胡雪虎编. —天津：天津
人民出版社，2012.6

（巅峰阅读文库. 中华传统美德百字经）

ISBN 978-7-201-07600-3

Ⅰ．①俭… Ⅱ．①于… ②胡… Ⅲ．①品德教育—中
国—通俗读物 Ⅳ．① D648-49

中国版本图书馆 CIP 数据核字 (2012) 第 133766 号

**天津人民出版社出版**

出版人：刘晓津

（天津市西康路 35 号 邮政编码：300051）

邮购部电话：（022）23332469

网址：http://www.tjrmcbs.com.cn

电子信箱：tjrmcbs@126.com

永清县晔盛亚胶印有限公司印刷 新华书店经销

2012 年 6 月第 1 版 2012 年 6 月第 1 次印刷

690×960 毫米 16 开本 10 印张 字数：100 千字

定价：19.80 元

中国是一个具有悠久历史和灿烂文化的文明古国，也是举世闻名的礼仪之邦。在历史的长河中，中华民族创造出了绚丽多彩的物质文化和精神文化，为人类的发展和进步做出了重要贡献。其中，中华民族的传统美德被大家代代传承。

那么，什么是传统美德？什么是中华民族的传统美德呢？通常来说，传统美德就是在自觉或习俗的道德规范中，一些被大多数人所接受并实际奉行的，而且在现代仍有着积极影响的那些美德。具体到中华民族传统美德，概括起来就是指中华民族优秀的民族品质、优良的民族精神、崇高的民族气节、高尚的民族情感以及良好的民族礼仪等，是中华民族在历史实践过程中积累而成的稳定的社会优秀道德因素，体现在人们生活的方方面面，涉及政治、经济、文化、意识等领域，并通过社会心理结构及其他物化媒介得以代代相传。

经过长期的历史沉淀，中华传统美德已融入到中华民族的思想意识和行为规范中，成为社会道德文化的遗传基因，成为整个中华民族文化的精神内涵，也是中华五千年文明史的精髓所在。继承和弘扬中华民族传统美德，可以振奋民族精神，增强民族自尊心、自信心、自豪感和凝聚力，使社会主义道德规范具有更丰富的内涵，让社会主义、集体主义、爱国主义思想等更加深入人心，成为社会主义文化的主旋律。同时，还可以更好地协调人际关系，促进社会主义市场经济的健康发展，形成有中国特色的、适应社会发展的价值观和伦理道德规范。

# 前 言

1

国民的思想道德状况，尤其是青少年的思想道德状况，直接关系着一个国家、一个民族的整体素质，关系着国家前途和民族命运。目前，我国已进入改革发展的新时期新阶段，德育教育的价值和意义更是日渐凸显。大力弘扬中华传统美德，建设社会主义核心价值体系，促进社会主义文化的发展和繁荣，是建设全面小康社会的主要任务，更是实现中华民族伟大复兴的必然要求。因此，党中央非常注重我国公民道德建设，全社会也已形成了加强和改进思想道德建设的新风尚。

青少年是国家的希望，是民族不断发展和延续的根本，因此，青少年德育教育就显得更加重要。为了增强和提升国民素质，尤其是青少年的道德素质，我们特意精心编写了本套丛书——《中华传统美德百字经》。

本套丛书立足当前公民，尤其是青少年思想道德教育的现实，将中华民族的传统美德归纳为一百个字，即学、问、孝、悌、师、教、言、行、中、庸、仁、义、敦、和、谨、慎、勤、俭、恤、济、贞、节、谦、让、宽、容、刚、毅、睦、贤、善、良、通、达、知、理、清、廉、朴、实、志、道、真、立、忠、诚、公、正、友、爱、同、礼、温、信、尊、敬、恭、恕、责、仪、精、专、博、富、明、智、勇、力、安、全、平、顺、敏、思、积、利、健、率、坚、情、养、群、严、慈、创、新、变、革、争、谏、诲、齐、省、克、竞、求、简、洁、强、律。丛书内容丰富、涵盖性强，力图将中华民族传统美德的内涵囊括进去。丛书通过故事、诗文和格言等形式，全面地展示了人类永不磨灭的美德：诚实、孝敬、负责、自律、敬业、勇敢……

俭·俭以成德

这些故事在中华民族几千年的历史长河中，一直被人们用来警醒世人、提升自己，用做道德上对与错的标准；同时通过结合现代社会发展，又使其展现了中华民族在新时代的新精神、新风貌，从而较全面地展示了中华民族的美德。

在本套丛书中，为了帮助读者更好地理解这些源远流长的传统美德，我们还在每一篇故事后面给出了"故事感悟"，旨在令故事更加结合现代社会，结合我们自身的道德发展，以帮助读者获得更加全面的道德认知，并因此引发读者进一步的思考。同时，为丰富读者的知识面，我们还在故事后面设置了"史海撷英"、"文苑拾萃"等板块，让读者在深受美德教育、提升道德品质的同时，汲取更多的历史文化知识。

# 前 言

这是一套可以打动人心灵的丛书，也是可以丰富我们思想内涵的丛书……《中华传统美德百字经》向我们展示的是一种圣洁的、高尚的生活哲学。无论在任何社会、任何时代，给予人类基本力量的美德从来不曾变化。著名的美国政治家乔治·德里说："使美国强大的不是强权与实力，而是上帝赐予的美德。假如我们丢失了最根本且有用的美德，导弹和美元也不能使我们摆脱被毁灭的命运。"在今天，我们可能比任何时候都更应关心道德问题，尤其是青少年的道德问题，因为今天我们正逐渐面临从未有过的道德危机和挑战。

人生的美德与智慧就像散落的沙子，我们哪怕每天只收集一粒，终有一天能积沙成塔，收获一个光辉灿烂的明天。《中华传统美德百字经》中的美德故事将直指我们的内心，指向人性中善良的一面，唤起我们内心深处的道德感。因此，中华民

族的传统美德也一定会在我们的倡导和发扬之下，世世传承，代代延续！

　　全套丛书分类编排，内容详尽、文字优美、风格独具，是公民，尤其是青少年思想道德建设的优秀读物。愿这些恒久流传的美文和故事能抚平我们每个人驿动的心，愿这些优秀的美德种子能在青少年身上扎根、发芽、生长……

俭·俭以成德

俭，《说文解字》的说法是："俭，约也。"后又有了"少"和"节省"的意义。

俭朴是中华民族的优良传统和美德。中华民族崇尚节俭，这种风气可以追溯到古圣先贤。古往今来，无数历史名人以他们的光辉事迹赋予"节俭"丰富、深刻的意义。孔子提倡温、良、恭、俭、让，"俭"是不浪费；还说："奢则不逊，俭则固。与其不逊也，宁固。"（《论语·述而》）也就是说："人如果奢侈就会变得不谦逊，但太节俭又显得寒酸；与其变得不谦逊，宁可寒酸。"老子说："我有三宝，持而保之。一曰慈，二曰俭，三曰不敢为天下先。"（《老子·第六十七章》）庄子说："俭节则昌，淫佚则亡，故其用财节，其自养俭，民富国治。"（《庄子·外篇》）而诸葛亮的《诫子书》中是"夫君子之行，静以修身，俭以养德"，要求恬静以修善自身，俭朴以淳养品德。李商隐则将俭的理论更推进一步，不光是国家，个人更是如此，"历览前贤国与家，成由勤俭败由奢"。俭，德之共也；侈，恶之大也。以俭立名，以奢必败。古人对俭的议论之精、认识之深，确给今人留下了宝贵的精神财富。

俭朴，即俭省朴素。俭朴与奢侈相对，是节约，不是浪费，避免不必要的开支或物尽其用的意思。俭朴是许多美德风尚之源、精神生活之本。因为俭朴，人就不会生贪欲之心；有权势的人如果没有贪欲之心，就不会被物质欲望牵着鼻子走，处理事务就不会受别人的制约，手中的权力就能充分发挥为大多数人谋利益的作用。也就是如今说的："权为民所用，利为民所谋，情为民所系。"没有地位的人如果没有贪欲之心，就能约束自己，节约开支，勤劳致富，不去触犯法律，也不去干损人利己的事情。

俭朴是以长远的目光，着眼于未来的。如果将一切资源吃光、用光、花光、挖光、卖光……没有必要的物质基础，未来靠什么发展呢？俭朴是以冷静的目光，着眼于人的一生或几代人的利益。任何人，一旦奢侈浪费、私欲膨胀、急功近利、杀鸡取卵，有朝一日，必然一败涂地。

现如今，还有一些人盲目追求高消费、讲排场、搞攀比、显阔气、盯名牌、图享受，在生活中不量入为出，不考虑实际情况，把艰苦奋斗当做历史。这样给生活造成一种错觉，好像如今到了讲吃、讲穿、讲享受的年代了！其实不然，在当今建设和谐发展的社会主义的时代，仍然需要我们继续发扬勤俭朴素的优良传统，反对一切铺张浪费的行为。周恩来曾教导我们说："勤俭节约是我们中华民族最可贵的传家宝。"俭朴是一种能治国、治家、修身的美德，浪费奢侈的陋习是败国、败家、毁身的祸胎。倡俭，是中华民族的美德，理应保持发扬。俭朴的生活，是锤炼人的意志的火炉，是磨砺人情操的砺石，它促人自立，助人成熟。

在商品经济日益发达，消费意识日益增强的今天，孩子头脑中的金钱意识在耳濡目染中被强化，这就要求家长教育孩子正确认识金钱的价值，学会掌管好自己的钱和物，以防止享受型消费欲望的膨胀，让孩子从小养成艰苦朴素的生活作风和良好的消费方式。

历史的经验和现实的教训告诉我们，建设节约型社会事关现代化建设进程和国家安全、稳定，事关人民群众福祉和根本利益，事关中华民族生存和长远发展，需要全国公民的共同努力。

节俭则昌，淫佚则亡。崇尚俭朴，就是崇尚自我，崇尚民族，崇尚祖国。

# 目录

**第一篇　节俭朴素**

2　尧帝之"宫殿"

5　萧何不换新衣服

7　刘晏雪中吃烧饼

10　官位高了，更应注意自律

14　宰相食残饼

17　王家钻天，司马入地

20　岳飞婉谢纳妾

23　马皇后"富贵而节俭"

26　鲁迅先生的俭朴生活

28　朱棣崇尚节俭

32　康熙的节俭

35　钱学森的公文包


**第二篇　厉行节俭**

38　墨子提倡节俭的思想

40　杨王孙的"裸葬"

43　陶侃拾荒

46　萧鸾与粽子

49　一颗麦粒，千分辛苦

52　长孙皇后临终托俭葬

55　赵匡胤倡导节俭

59　王沂公回避迎来送往

62　金世宗崇尚节俭

65　徐悲鸿的住房情结

68　吴波厉行节俭

**第三篇　勤俭持家**

72　孙叔敖临终教子不忘节俭

75　我们的家风绝不能改变

78　梁鸿与孟光勤俭致富

81　保持勤俭持家的家风

85　"千金"当厨的风波

88　董三泉勤俭持家

91　李用清的安贫乐道

94　"节约姑娘"韦钰

**第四篇　俭以养廉**

98　大臣的榜样力量

101　霍去病拒受豪宅

105　是仪一生节俭奉公

108　刘寔出污泥而不染

112　斛律光的节俭清廉

115　李沆的四合院

118　范质戒奢

122　张俭不穿新皮袍

125　海瑞拒换被褥

128　天下廉吏第一

**第五篇　勤俭治国**

132　晏婴反"鬼神"谏勤俭

135　汉文帝节俭带来盛世

137　刘裕崇尚节俭

139　隋文帝厉行勤俭

142　苏世长讽谏唐高祖莫忘节俭

145　朱元璋勤俭治国

148　"力崇节俭"的道光

ZHONGHUACHUANTONGMEIDEBAIZIJING

中华传统美德百字经

俭·俭以成德

# 第一篇

## 节俭朴素

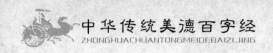

# 尧帝之"宫殿"

◎侈将以其力毙。——《左传》

尧，生卒年不详，姓伊祁，名放勋，史称唐尧。20岁时，其兄帝挚为形势所迫让位于他，尧成为我国原始社会末期的部落联盟首领。唐尧在位70年，90岁禅位于舜，118岁时去世。尧的品质和才智俱是非凡绝伦，"其仁如天，共知（智）如神。就之如日，望之如云。富而不骄，贵而不舒"。

在中国古代的时候，黄河流域居住着许多人，他们组成了很多部落。黄帝和炎帝就是两个大部落的首领。

后来，尧当了炎黄部落联盟的首领。他很会治理天下，东西南北四方、春夏秋冬四季、农牧渔猎各业，都安排管理得井井有条。当时的生产很落后，吃不上饭、穿不上衣的事常有，尧帝整天和老百姓在一起，对大家的苦难十分关心，他自己的生活也很俭朴。

尧帝看到有人吃不上饭，就认为这是自己使他们饿肚子的；遇到有人穿不上衣服，就觉得这是自己有过错，才使别人没衣服穿的；有人犯了罪，他也首先责备自己没有尽到责任。因为尧帝和人民同甘苦、共患难，所以赢得了人们的爱戴。

有一天，几个部落首领来拜望尧帝。他们来到尧的"宫殿"门口，细一看都愣住了。

"天哪，他住的是什么样的房子啊？"有个人先发出感叹，其他人也跟着议论起来："这明明是几间最普通的茅草房啊！"

"我们那里，守门官也比他住得好呢！"

他们正说着，尧帝走了出来。大家看见他的穿戴，都不相信自己的眼睛了，嘴上没说，心里却想："难道这个身穿补丁衣裳的人，就是大名鼎鼎的尧帝吗？"

这些首领们互相看了看，他们每个人都比尧帝穿得好，脸上不禁露出惭愧的神情，从心眼儿里更加敬重尧帝了。

在尧帝招待各部落首领的"宴席"上，大家席地而坐，愉快地端起土钵、土碗，津津有味地喝着野菜汤，谈着治理天下的大事。"宫殿"里不时传出一阵阵的笑声。

从那以后，各部落的首领们都学着尧帝的样子，过着艰苦朴素的生活。

## ◎故事感悟

尧帝与百姓同甘共苦，共同过着节俭朴素的生活。作为君王，以身作则，一直保持着节俭的精神，实属难得。从这个故事中，我们可以体会到节俭的真正意义之所在。

## ◎史海撷英

### 历法的制定

传说在尧的时代，首次制定了中国历法。这样，劳动人民就能够依时按节从事生产活动，不会耽误农时。汉民族是农业垦殖历史悠久的民族，对农时十分重视，故《尚书·尧典》对此有详细记载。

《尧典》上说，尧命令羲氏、和氏根据日月星辰的运行情况制定历法，然后颁布天下，使农业生产有所依循，叫"敬授民时"。他派羲仲住在东方海滨叫旸谷的地方，观察日出的情况，以昼夜平分的那天作为春分，并参考鸟星的位置来校正；派羲叔住在叫明都的地方，观察太阳由北向南移动的情况，以白昼时间最长的那天为夏至，并参考火星的位置来校正；派和仲住在西方叫昧谷的地方，观察日落的情况，以昼夜平分的那天作为秋分，并参考虚星的位置来校正；派和叔住在北方叫幽都的地方，观察太阳由南向北移动的情况，以白昼最短的那天作为冬至，并参考昴星的位置来校正。

二分、二至确定以后，尧决定以366日为一年，每三年置一闰月，用闰月调整历法和四季的关系，使每年的农时正确，不出差误。由此可知，古人将帝尧的时代视为农耕文化出现飞跃进步的时代。

◎文苑拾萃

### 尧帝造酒

尧作为上古五帝，传说为真龙所化，下界指引民生。他带领民众同甘共苦，发展农业，妥善处理各类政务，受到百姓的拥戴，并得到不少部族首领的赞许。

尧由龙所化，对灵气特为敏感，受滴水潭灵气所吸引，将大家带至此地安居，并借此地的灵气来发展农业，使得百姓安居乐业。为感谢上苍，并祈福未来，尧精选出最好的粮食，并用滴水潭水浸泡，用特殊手法去除所有杂质，淬取出精华，合酿祈福之水。此水清澈纯净、清香绵长，以敬上苍，并分发给百姓，共庆安康。

百姓为感恩于尧，将祈福之水取名曰"华尧"。

# 萧何不换新衣服

◎节用于内，而树德于外。——《左传·昭公十九年》

---

萧何（？—前193年），早年任秦沛县狱吏，秦末辅佐刘邦起义。攻克咸阳后，他接收了秦丞相、御史府所藏的律令、图书，掌握全国的山川险要、郡县户口，对日后制定政策和楚汉战争的胜利起到了重要作用。楚汉战争之时，他留守关中，使关中成为汉军的稳固后方，不断输送士卒粮饷支援作战，对刘邦战胜项羽，建立汉朝起了重要作用。萧何采撷秦六法，重新制定律令制度，作《九章律》，在法律思想上，主张"无为"，喜好"黄老之术"。汉高帝十一年（公元前196年）又协助高祖消灭韩信、英布等异姓诸侯王。高祖死后，他辅佐惠帝。惠帝二年（公元前193年）卒，谥号"文终侯"。

---

有一年，萧何追随刘邦起兵反秦，兵入咸阳以后，众将纷纷争夺金银财物，萧何却分文未动，而是在城里到处收集秦朝廷的律令图籍，从而使刘邦对天下各处关隘险要、户口多少、风俗民情等了如指掌。

刘邦做了汉中王，萧何被任命为丞相。他也是西汉的第一位丞相，与张良、韩信并称为汉初三杰。他亲手规划和组织了都城长安的营建工程，并提倡节俭使用，不得浪费各种建筑材料。他还参与了汉初"与民休息"政策的制定，减轻了劳动人民的负担。

萧何做了十四年的丞相。在这十四年里，萧何一直过着十分俭朴的生活，从不穿戴华贵的服饰，更很少食山珍海味。

有一次，萧何的夫人看见他的朝服都已经旧了而且还补过了，就吩咐换了一件新的。萧何发现后很不高兴，立刻又换了回来，并指责他的夫人说：

"做丞相就不可以穿旧衣服了吗？"后来，萧何还作了规定，就是没有他的命令，不允许随便更换他的衣服和用具。

在封建社会，当了官，衣、食、住、行都与老百姓不一样。

按当时的规定，丞相的住宅应该是高门大院、富丽堂皇才可相称。可是，萧何的房舍与老百姓的住宅没有什么两样，既不是高门大宅，更没有雕镂文饰。他说："丞相也要与民休息，不能有什么特殊的地方。"

萧何虽然身居相位，但家无余财，唯有"桑几百株，薄田十几顷"，而且他在置买田产时，从来不抢肥田沃土。他还说："我希望我的子孙不要堕于奢侈。"

## ◎故事感悟

节俭朴素历来是被公认的好习惯，不仅是对待人生的一种态度，也是一种从政的素养。特别是对于掌握一定权力的官员，勤俭朴素、艰苦奋斗的行为更具有率先垂范的作用。

## ◎史海撷英

### 刘邦起义

公元前209年7月，陈胜、吴广在大泽乡起义反秦。刘邦率众响应，在沛县青年豪杰和官吏萧何、曹参、樊哙等人的支持下，杀了秦朝的沛县县令，攻占县城，正式宣布反秦起义。刘邦的义举得到了丰沛一带江湖豪杰、地方官吏和父老乡绅的拥护，当地青年子弟纷纷参加义军，队伍迅速发展到两三千人。刘邦被公推为这支起义军的统帅，号称"沛公"，从此走上了争霸之路。

# 刘晏雪中吃烧饼

◎俭，德之共也；侈，恶之大也。——《左传·庄公
二十四年》

> 刘晏（约公元716—780年），字士安，曹州南华（今东明县）人，唐代著名的经济改革家和理财家。幼年才华横溢，号称神童，名噪京师，明朝时列名《三字经》。历任吏部尚书同平章事，领度支、铸钱、盐铁等使。实施了一系列的财政改革措施，为安史之乱后的唐朝经济发展作出了重要的贡献。

　　刘晏是唐朝著名的政治家，善于管理经济。他官至左仆射，是负责全国财政的大臣。他手中掌管着全国亿万钱财，自己的生活却十分俭朴。

　　一年冬天，他办完公务准备去上早朝，正赶上天下起了鹅毛大雪。五更时，街上的店铺燃起了香火，早饭的香味从一家家饮食店里飘出来。刘晏使劲地搓着冻僵了的双手，对车夫说："找一家店铺，买一些早点充饥，然后再去上早朝。"

　　车夫答应着，将马车停在一家店铺前。刘晏走下车子，步入食杂店。他一看价格比别的店贵，就转身退出店外，与车夫继续往前走，在一家价格便宜的烧饼铺前停了下来。他对车夫说："你去买些烧饼，够我们两人吃的即可。"

　　车夫买来了热气腾腾的烧饼，刘晏急忙摘下帽子，将烧饼放在里面，然后，他和车夫一起站在雪地里吃起来。

　　几个也要上早朝的官员看到刘晏站在雪地里啃烧饼的样子，小声讥讽道："刘晏身为国家大臣，太寒酸了！"

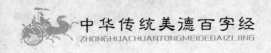

"嘿，他怎么跟乡巴佬似的！"

刘晏听到了，毫不在意，说："这烧饼真好吃！"

他的仆人听了人家的讥讽，心中愤愤不平，觉得脸上无光。刘晏却呵呵笑着说："别被那些世俗的说法拉过去，个人要有主见。君子仁人从来就是讲求节俭的，一个人光讲奢侈，那才是真正丢了身份呢！"

车夫听了，点点头说："老百姓还是赞成您的看法。"

刘晏的家位于闹市，居住人口杂乱。他的宅院无高楼亭阁，亦无奇花异草。因此，朋友们劝他换个地方重新修座庭院，也好风光风光。而刘晏却笑而不答，仍然住在原处。朋友们见他按兵不动，就暗地里为他找了一块地皮，那里紧挨着朝中一些大臣的宅第。若在那里修建起豪华住宅，该是十分令人羡慕的。

地皮找好了，朋友们就告知刘晏："我们实在看不过去，你的住处太差了。一个普通的官员都比你的宅第强，何况你是掌管全国财政的大臣呢！地皮都为你找好了，你就下决心修造新府第吧！"

刘晏想了想，说："感谢你们对我的关心，但修建豪华宅院，我刘晏是决不会干的。住宅能挡风御寒、住人休息也就可以了，不必去追求豪华。希望各位明白我的主张。"

## ◎故事感悟

刘晏在雪中吃的不是"烧饼"，而是对国家尽心尽责的态度和节俭朴素的作风。因为他坚信"君子以俭为美"，所以别人的嘲讽他只会嗤之以鼻，依然坚持自己的立场。我们每个人都应该去学习这种戒奢戒侈、艰苦朴素的作风！

## ◎史海撷英

### 刘晏改革

经过长达八年的安史之乱，唐王朝千疮百孔。当时唐朝经济十分萧条，财政极为困难，刘晏采取一系列有效措施，发展生产，开源节流。刘晏在任期间，办成了几件大事，如改革漕运、改革盐政、改革粮价、推行"常平法"等等，使唐王朝财政逐步好转。

## ◎文苑拾萃

### 刘晏正字

一次，唐玄宗到勤政楼观看各种技艺节目，有上百名歌手参加演出。朝廷的文艺机构"教坊"有个王大娘，善于用头顶百尺高竿，竿上放一个木山，形状好像海上的仙山，然后再让小孩手里拿着红色的木棍，在木山上歌舞不停。这时刘晏才 10 岁，被任命为秘书正字。他相貌丑陋，但聪明过人。皇帝将他叫到楼中的帘子下面，贵妃将他抱坐到膝盖上，为他涂脂抹粉，为他梳头。玄宗皇帝问他："你身为秘书正字，纠正了几个字？"刘宴说："天下字全都可以纠正，只是朋字不能纠正。"贵妃命令他歌咏王大娘顶竹竿。刘晏应声说道："楼前百戏竞争新，唯有长竿妙入神。谁谓绮罗翻有力，犹自嫌轻更著人。"玄宗皇帝和贵妃娘娘以及诸位侍妾、宫女欢笑多时，声音都传出很远，于是，玄宗皇帝便命令赏赐给刘晏象牙笏板和黄文袍。

# 官位高了，更应注意自律

◎奢俭之节，必视世之丰约。——《三国志·魏书·己凯传》

> 苏轼（1037—1101年）字子瞻，又字和仲，号"东坡居士"，世人称其为"苏东坡"，眉州（今四川眉山，北宋时为眉山城）人，祖籍栾城。北宋著名文学家、书画家、词人、诗人、美食家，唐宋八大家之一，豪放派词人代表。其诗、词、赋、散文均成就极高，且擅长书法和绘画，是中国文学艺术史上罕见的全才，也是中国数千年历史上被公认文学艺术造诣最杰出的大家之一。

苏东坡在生活方面，坚决反对铺张浪费。他在给友人的一封信中说："口体之欲，何穷之有？每加节约，亦是惜福延寿之道。"这段话的意思是说：肉体上的欲望是没有限度的，然而如果能注意生活节俭，那也算是真正找到了延年益寿的方法。由此，我们可以看到苏东坡对节俭是相当重视的。

公元1080年，苏东坡被降职贬官，来到黄州。由于他薪俸大减，再加上遭贬后，旧日那些常来往的亲朋好友都怕受牵连，再不愿与他来往，更不愿资助他钱财，他的弟弟苏辙又债台高筑，所以当时苏东坡的生活是相当窘迫的，然而，这并没有吓倒苏东坡，他依靠节俭的生活方式最终渡过了难关。

为了度过困境，苏东坡非常注意计划开支，从不乱花钱。为此，他还订出了一套特殊的计划开支的方法。这种方法是：首先把所有的收入和手边的钱计算出来，然后将这些钱平均分成十二份，每月用一份；每份中又平均分成三十份，每日只许用一份。这些钱全部分好后，苏东坡把它们统统按份挂在屋梁上，然后每日清晨挑下一包，拿到一包钱后还要计划开支，能不买的就不买。一日下来，最终开支只准剩余，不准超支。剩余下的钱，苏东坡把它们专放到一个另外备好的竹筒中，专门用于家中的意外开支。

这样，日子虽苦，但清苦中倒也自得其乐。他在给好友秦少游的信中，谈到自己在黄州每日计划开支、艰难度日的清苦情境时说："我估计手中的钱还可支持一年有余，到那时再作计划，水到渠成，不须预虑，因此胸中也没什么负担。"

苏东坡就是这样，凭着精打细算的节俭生活方式，度过了黄州遭贬后的艰难岁月。

生活困顿时，苏东坡能以节俭度日；生活发生了变化后，苏东坡一样非常注重节俭。他在朝廷中做高官时，依然没有忘记过去的苦日子，生活也从不讲究奢华。在饮食上，他给自己立下了这样一个规定：每顿饭只能是一饭一菜；如有客人来，需同他一起进餐时，也只能增加两个菜，不能再多；如果有人请他去吃饭，他也要事先告诉主人，不许铺排，否则他就拒绝前往。

一次，有一位与苏东坡多年不见的老友，在一个偶然的场合见到了苏东坡。旧友重逢，自然十分高兴。于是，那位朋友便想找个适当的时候请苏东坡去他家吃饭。苏东坡听说后，一再嘱咐那位朋友，千万不可大操大办，不能追求排场，只比平时多备几个菜，老友在一起边吃边叙叙友情就可以了。

可是几天以后，去赴宴时，苏东坡却发现那位朋友并没有遵照他事先的劝告，酒席准备得相当奢华。这时，苏东坡很不客气地对他的朋友说："老兄看来并不真正了解我苏东坡。我一向主张节俭朴素，你酒席准备得这样奢华、排场，看来根本不是为我苏东坡所备。如此看来，我还是离开的好。"说完，他转身便要告辞。

那位老朋友见东坡这样认真，便解释说："先生说哪里话？先生一向生活节俭，朋友是早就知道的。但这回是例外，我们两位旧友，这么长时间没有相见，今偶得重逢，实在难得，难道不该好好庆贺一番？再说，先生现在正在朝中任职，是场面中的人物，我请先生，若太寒酸了，岂不太失先生身份，所以……"

"所以什么？"苏东坡没等那位朋友再往下说，抢过话头说道："是朋友相聚，就该像朋友那样彼此随便、自然些，不必讲什么排场。现在你让我坐在这些山珍海味面前，一改素日节俭的习惯，我哪里还能吃得下去啊？我虽然在朝中做官，但做官并不意味着可以不节俭。相反，官位高了，更应该注意自律。"说完，他硬是坚持不入席。

苏东坡走后，他的朋友感慨地说："当年遭难时，东坡生活很节俭；没想到如今他身居高位后，还这样注意以俭自守，看来东坡已经节俭成习了。"

苏东坡不但自己十分注意生活俭朴，还十分注意用节俭要求他的亲人。他有一位正在做高官的远亲，生活极为奢华：单是起居时"小洗面"，就要有两个人专门侍候；若是"大洗面"侍候的人要增至五人；如果是"大澡浴"，则要有九个人服侍。并且，"澡浴"之后还要用名贵的药膏擦身，用异香薰衣服。这人生活如此奢侈，自己不仅不以为耻，反以为是值得荣耀的事情。一次，在给苏东坡写信时，他不厌其烦地夸耀他的"养身之道"。苏东坡看后，非常厌恶，在给这位远亲回信时，他只简单地写了一个"俭"字，希望亲戚能在一个"俭"字面前有所醒悟，改掉奢华的习气。

## ◎故事感悟

苏东坡"斥好友"与"讽亲戚"这两个小故事都表现出他重视节俭的美德。他还把这种习惯耳濡目染地传递给他人，让别人也都保持俭朴的作风。节俭成习，如果大家都能保持节俭，社会奢侈的风气会随之减少。

## ◎史海撷英

### 乌台诗案

宋神宗在熙宁年间（1068—1077年）重用王安石变法，变法失利后，又在元丰年间（1078—1085年）从事改制。就在变法到改制的转折关头，即元丰二年（1079年）发生了文字狱。御史中丞李定、舒亶、何正臣等人摘取苏轼《湖州谢上表》中语句和此前所作诗句，以谤讪新政的罪名逮捕了苏轼。苏轼的诗歌确实有些讥刺时政，包括变法过程中的问题。这案件先由监察御史告发，后在御史台狱受审。所谓"乌台"，即御史台，因官署内遍植柏树，又称"柏台"。柏树上常有乌鸦栖息筑巢，乃称乌台。所以此案称为"乌台诗案"。

## ◎文苑拾萃

### 东坡肉

苏轼被贬黄州的时候，有著名的《猪肉颂》打油诗："黄州好猪肉，价钱等粪土。富者不肯吃，贫者不解煮。慢著火，少著水，火候足时它自美。每日起来打一碗，饱得自家君莫管。"这里的"慢著火，少著水，火候足时它自美"，就是著名的东坡肉的烹调法了。苏东坡后来任杭州太守时深受百姓爱戴，而这"东坡肉"也跟着沾光，名噪杭州，成了当地的一道名菜。

# 宰相食残饼

◎谁知盘中餐，粒粒皆辛苦。——李绅《悯农诗》

王安石（1021—1086年），字介甫，号半山，封荆国公，临川人（今江西省抚州市区荆公路邓家巷人），北宋杰出的政治家、思想家、文学家、改革家，唐宋八大家之一。有《王临川集》、《临川集拾遗》等存世。

身为宰相的王安石，虽官高禄厚，但自己不讲穿、不讲吃，招待来客也不失节俭。一次，王安石儿媳家的萧姓公子，趁来汴京游玩的机会，特地华衣锦服来拜相府。这位萧公子在家娇生惯养，吃惯了美味佳肴，这次来相府，满以为会有什么珍馐美味大饱口福，一上午，禁食节茶，以迎盛宴。

时近中午，仆人来唤，萧公子跟随仆人来至餐厅。出公子意料的是，桌上只有几盘家常菜，几杯薄酒。他有些失望了，但又一想：宰相府焉能如此寒酸！酒过数巡，王安石说了声"进汤饭来！"随后，仆人便把一盆汤和两盘薄饼放在桌上。萧公子彻底失望了，只好拿起一张饼，去掉边儿和皮儿，勉强吃了饼心，便撂筷了。这萧公子哪里知道，这便饭还是王安石的待客饭呢，他平日只有一菜一汤。

王安石看了看桌上的残饼，心想：百姓多有食草根、树皮、观音土者，年轻人竟如此不知节俭，怎能兴国立业！于是，他对萧公子说："公子，你读过唐朝李绅的悯农诗《锄禾》吗？"萧公子答道："读过。"接着，他背了起来："锄禾日当午，汗滴禾下土；谁知盘中餐，粒粒皆辛苦！"王安石捋着胡子说："背得好！公子，你一定知道这诗的含义吧？"王安石的小儿子抢着说："我知道，是说农夫顶着晌午的烈日去锄禾，汗滴洒在禾苗下面的土里。谁能知道盘子里的饭，一粒粒都是辛苦劳动换来的？"王安石道："说得好。既然这盘中餐，粒粒皆辛苦，我们把这残饼吃了吧！"说完，他拿起一块残饼，大口大口地吃起来。萧公子赶快抢着吃……王安石倡节俭食残饼的事，一时被传为佳话。

## ◎故事感悟

　　王安石可以说是节俭朴素的楷模。"谁知盘中餐，粒粒皆辛苦。"这首《悯农诗》充满了对劳苦大众的同情，也提醒我们要节俭朴素地生活。这是古人留给我们节约之精髓所在。

　　这首《悯农诗》许多人都会背，但领会其精神实质并且真正做到爱惜粮食，却不是人人都能做到的。

## ◎史海撷英

### 王安石变法

　　由于深得宋神宗赏识，熙宁二年（1069年），王安石出任参知政事。次年，又升任宰相，开始大力推行改革，进行变法。变法触犯了大地主、大官僚集团的利益，两宫太后、皇亲国戚和保守派士大夫结合起来，共同反对变法。因此，王安石在熙宁七年（1074年）第一次被罢相。次年复拜相。王安石复相后得不到更多支持，不能把改革继续推行下去，于熙宁九年（1076年）第二次辞去宰相职务，从此闲居江宁府。宋哲宗元祐元年（1086年），保守派得势，此前的新法都被废除。王安石不久便郁然病逝。

## ◎文苑拾萃

### 王安石名字的来历

　　相传王安石的祖父病重，王安石的父亲想诗他百年后葬在一块风水好、有龙

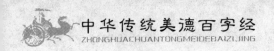

脉的地方，但始终没有找到。从前，人们都信看风水，还有看风水的地仙。有一天，王安石的父亲找来一位地仙帮看风水。这个地仙在下马山连看了三年，都没看准。地仙在山下看有龙脉，可是一到山上看，就什么也看不出。

山上有一个靠打柴为生的樵夫，每天都见地仙在山上转来转去，感到很奇怪，就问地仙，地仙说是玩一玩。这样地仙三年都在山上转。有一天樵夫又问地仙："老人家，你长年在山上看，到底看什么？"这时地仙实在没办法，就跟樵夫说："远看这山确有龙脉，到近处看，怎么也找不到。"樵夫听后手一指："不用看，那棵大树下就是龙脉。"地仙看好后，立即告诉王安石的父亲。王安石的父亲按照地仙说的，在大树底下挖了一个坑。这个坑奇怪得很，大小刚刚能放下棺材，坑的周围都是石。

安葬了王安石的祖父后，王安石的父亲就给儿子取名王安石。传说这就是王安石名字的来历。

# 王家钻天，司马入地

◎不戚戚于贫贱，不汲汲于富贵。——陶渊明

> 司马光（1019—1086年），字君实，号迂夫，晚年号迂叟，也称涑水先生。北宋时期著名政治家、史学家、散文家。北宋陕州夏县涑水乡（今山西运城地区夏县）人。赠太师、温国公、谥文正。司马光自幼嗜学，尤喜《春秋左氏传》。

　　司马光为官近四十年，大部分时间是在中央任职，官职不低，俸禄也不少，本可以拥有万贯家财，富甲天下，但他一生戒奢戒侈，清俭朴素。他的美德也被人们万古传颂。

　　北宋熙宁元丰年间，司马光离开京都，身居洛阳，潜心著书，后来完成了光辉著作《资治通鉴》。

　　一年冬天，大雪纷飞，天寒地冻，北风狂吼，一般有钱人家都得生火取暖，而司马光家竟连一盆炭火也没有，屋里寒气逼人。这时，一位东京来的客人慕名拜访司马光，在"客厅"里，宾主落座，热情交谈。谈了一会儿，因室内寒冷，客人冻得瑟瑟发抖。司马光很抱歉，只好吩咐熬碗栗子姜汤给客人去寒。客人喝了姜汤，自然身体暖和了一些，又叙谈一阵，起身告辞。

　　后来，这位客人又去拜访范镇。范镇家中，不仅有炭火取暖，而且还摆上丰盛的酒菜，宾主频频交杯，消寒去冷。前后对比，客人便提起了拜访司马光的事，感到司马光对人冷淡。范镇听了，认真地说："不，你不了解他。他一向崇尚俭朴，不喜欢奢华。不是对你冷淡，我到他家也一样。平日，他

自己连一杯栗子姜汤也不喝呢！"客人听了十分感动。

后来，司马光想了个办法，解决了房屋"夏不避暑，冬不避寒"的问题。他在房中挖地砌砖，修了个地下室。因此，当时的西京人流传这样一句话："王家钻天，司马入地。"

司马光晚年，年老体弱，他的好友刘贤良要用五十万钱买个女婢供他使唤。司马光当即复信谢绝，说："吾几十年来，食不敢常有肉，衣不敢有纯帛，多穿麻葛粗布，何敢以五十万市一婢乎？"

司马光的俭朴德行对后辈影响很大。他的儿子司马康做官以后，也像父亲一样节俭朴素，被称为"为人清廉，口不言财"的一代廉士。

## ◎故事感悟

司马光的这种"抠门"正是他戒奢戒侈、清俭朴素作风的表现。司马光的"由俭入奢易，由奢入俭难"的名言，也让我们体会到了一代先贤的节俭作风，值得我们学习。

## ◎史海撷英

### 司马光编纂《资治通鉴》

宋神宗熙宁年间，司马光强烈反对王安石变法，上疏请求外任。熙宁四年（1071年），他判西京御史台，自此居洛阳十五年，不问政事。在这段悠游的岁月里，司马光主持编撰了294卷300万字的编年体史书《资治通鉴》，耗时19年。

《资治通鉴》上起周威烈王二十三年（公元前403年），下迄五代后周世宗显德六年（959年），共记载了16个朝代1362年的历史。他在《进资治通鉴表》中说："臣今筋骨癯瘁，目视昏近，齿牙无几，神识衰耗，目前所谓，旋踵而忘。臣之精力，尽于此书。"司马光为此书付出毕生精力，成书不到两年，他便积劳而逝。《资治通鉴》从发凡起例至删削定稿，司马光都亲自动笔，不假他人之手。清代学者王鸣盛说："此天地间必不可无之书，亦学者必不可不读之书。"

◎文苑拾萃

## 司马光砸缸

　　司马光七岁时，就像大人一样非常懂事，听到老师讲解《春秋》，非常喜爱，放学之后又为家人讲他所学到的，因此他也明白了《春秋》的内涵，从此书不离手，甚至忘记了饥渴、冷热，一心都扑到了书里。

　　有一次，他跟小伙伴们在后院里玩耍。院子里有一口大水缸，有个小孩爬到缸沿上玩，一不小心掉到缸里。缸大水深，眼看那孩子快要没顶了。别的孩子们一见出了事，吓得边哭边喊，跑到外面向大人求救。司马光却急中生智，从地上捡起一块大石头，使劲向水缸砸去，"砰！"水缸破了，缸里的水流了出来，被淹在水里的小孩也得救了。

# 岳飞婉谢纳妾

◎民生在勤，勤则不匮。——《左传·宣公十二年》

> 岳飞（1103—1142年），字鹏举，著名军事家、抗金名将，南宋中兴四将（岳飞、韩世忠、张俊、刘光世）之一。河北西路相州汤阴县永和乡孝悌里（今河南省安阳市汤阴县菜园镇程岗村）人。据传，岳飞留有《岳武穆集》（又称《武穆遗书》）。1142年被丞相秦桧以"莫须有"的罪名无辜杀死，终年39岁。乾道五年（1170年），宋孝宗诏复飞官，以礼改葬，建庙于鄂。六年，赐岳飞庙曰忠烈。淳熙六年（1180年），谥武穆，嘉泰四年（1204年）宋宁宗追封高宗的抗金诸将为七王，岳飞封为鄂王。宋理宗宝庆元年（1225年）定谥号忠武。

伟大的抗金名将岳飞，不但以抗金和反投降斗争的丰功著称于史，还以他节俭廉洁的高尚品格激励和鼓舞着后人。

岳飞起自寒微之家、行伍之中，不到十年，便"位至将相"。他虽身居显位、高官厚禄，但并没有忘记民间的疾苦，而是保持了节俭淡泊、刻苦励志的美德。

当时诸大将中除岳飞外，刘光世、张俊、韩世忠、吴玠、杨沂中，都以经营田产致"金钱巨亿"，"置歌儿舞女"竞相侈靡。而岳飞，除了高宗赏赐之外，不经商，不置田产，不营造豪华的宅邸，平时饮食也不超过两个荤菜。

一次，岳飞留自己的部将郝政一起进餐，碰巧一个荤菜也没有。郝政很不高兴，便送岳飞酸馅，岳飞尝后，把剩下的当做"晚食"。又一次，岳飞发现饭桌上添了一道红烧鸡，他马上查问，厨师说是州里送来的。岳飞传命下属，此后不许为他进送佳肴。岳飞在家穿的是布衣素服，不娶姬妾，家中更无歌儿舞女。蜀帅吴玠的一个属官，到鄂州来后与岳飞商议军事，岳飞设宴招待他。使这个属官非常奇怪的是：宴会结束了，也没有出现一个女人来陪酒。他回四川后，即向吴玠谈起此事。姬妾成群的吴大帅，从结好岳飞考虑，立即花了二千贯钱买了一个出身于士族家庭的姑娘，连同很多陪嫁的金珠宝玉送给岳飞。岳飞盛情难却，但以岳飞的志向和情操是断然不能纳妾的。如何婉言辞谢呢？岳飞思来想去，最后想出个办法。这天，吴玠派人把买来的姑娘连同陪嫁的宝物送给岳飞。见面时，岳飞叫那位姑娘立在屏风后面，对她说："我家的人，都穿布衣，吃的是肉末酱面。姑娘倘能同甘苦，就请留下。否则，我不敢留！"

姑娘只是吃吃地发笑。她原是为了坐享富贵而来的，听了岳飞的话，感到身入将相之家，居然要过这般清淡生活，不免感到好笑，这当然是不满意的表示。岳飞于是对姑娘说："既然如此，则不可留也！"岳飞把姑娘连同嫁妆都退了回去。当时部将都劝岳飞把她留下，"以结好"吴玠。岳飞说："如今国耻未雪，难道是大将安逸取乐的时候吗？"吴玠听说后不但不生气，反而愈加敬重岳飞。

## ◎故事感悟

　　岳飞的气节让我们慨叹万分，而更令我们敬佩的是岳飞始终崇尚节俭、力拒奢侈的品格。他的一生如此俭朴，实属难能可贵！

## ◎史海撷英

### "莫须有"千古奇冤

　　岳飞父子被秦桧以谋反罪名予以逮捕审讯，虽然找不到证据而无审讯结果，赵、秦最终决定杀害岳飞父子和张宪，于是秦桧就创造发明了"莫须有"的罪名。韩世忠当面质问秦桧，秦桧其词"其事体莫须有"。绍兴十一年农历十二月

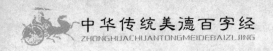
廿九(1142年1月27日)除夕之夜，一代名将岳飞及其儿子岳云、部将张宪在杭州大理寺风波亭内被杀害。被害前，岳飞在风波亭中写下八个绝笔字："天日昭昭，天日昭昭。"

◎文苑拾萃

### 岳飞墓

岳飞墓，亦称岳坟。位于杭州栖霞岭南麓，建于南宋嘉定十四年（1221年），明景泰年间改称"忠烈庙"。经历了元、明、清、民国，时兴时废，代代相传，一直保存到现在。现存建筑于清康熙五十四年（公元1715年）重建，1918年曾大修，1979年按南宋建筑风格全面整修，使岳庙更加庄严肃穆。墓道两旁陈列的石虎、石羊、石马和石翁仲，是明代的遗物。1961年，岳墓被列为国家级的重点文物保护单位。

# 马皇后"富贵而节俭"

◎俭节则昌，淫佚则亡。——《墨子·辞过》

> 马皇后（1331—1382年），明太祖朱元璋的皇后，安徽宿州人，"有智鉴，好书史"。早年丧母，后被郭子兴夫妇收养为义女。郭子兴做农民起义军元帅时，马氏嫁给了朱元璋。在朱元璋领兵征战的年代，她还亲手为将士缝衣做鞋。一次，与朱元璋敌对的陈友谅大兵临城，不少官员百姓准备逃难。在人心慌乱的紧急时刻，马皇后镇定如常，稳定了军心，为朱元璋获得胜利起到了重要作用，为后世所赞誉。

安徽凤阳是明太祖朱元璋发迹的地方，至今还流传着"说凤阳、道凤阳，凤阳是个好地方，不仅出了个朱洪武，还有一个贤德的马皇娘"的歌谣和民间故事。

朱元璋是中国历史上一位杰出的皇帝，在历史的前台演出了一幕幕惊人的活剧，令人难忘。然而在后台，还有一位不应被遗忘的人，她虽属于被封建男士们称为"贱内"的女流之辈，但她和朱元璋同甘共苦，终身相伴，一生尊节俭，给朱元璋的称王事业以很大辅助和影响。她就是埋葬在凤阳东陵的马皇后。作为皇后，马氏确实像朱元璋在洪武元年（1368年）封功授爵的典礼上称赞的"朕念皇后，偕起布衣，同甘共苦"。她一心一意关心、辅助丈夫治理新诞生的国家，同时又非常勤劳地治理内宫和教育子女。

马皇后每日起早贪黑，亲自带领、督促宫妃们治女活，从不懈怠。她常告诫内宫妻妾、王妃公主："无功受禄，是造物主所憎恶的事。我们这些后妃妻妾享用着山珍海味、锦绣衣裳，却终日悠闲无所作为，这岂不违背了造物

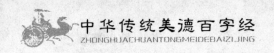
主的意志？因此，我们应该勤劳治女活，报答造物主的恩宠！"

马皇后最小的儿子周王朱橚，生性放荡不羁。当他成年后至藩地开封，马皇后派江贵妃随同一起去。她交给江贵妃一件自己常穿的破旧衣服以及一根木杖，嘱咐道："倘若周王有过错，你就穿上我的衣服，代我责他。如他倔强不听话，就派人飞马送报京都，不要轻易饶恕！"

每逢各地有灾荒，马皇后就率领宫人们食蔬，不肯服用带腥美食。朱元璋劝说道："已发送粮食去救济那里的灾民，皇后不必过于忧心。"平时，马皇后也经常问太祖："百姓们是否安居乐业？"她还说："皇帝是天下之父，我作为皇后，便是天下之母。赤子们若不能安生，我们做父母的，又如何能心安理得呢？"

由于明太祖统治期间的休养生息，国力逐渐恢复强盛。宫廷内外，崇尚奢侈的习气也风行起来。马皇后力挽颓风，卓尔不群，仍以俭示天下。她严禁自己的左右侍御及宫女们衣着特殊，并以身作则，做出表率，"食不求甘美"，常穿的裙子也不加花边。在她的影响下，"左右旁人皆无香薰之饰"。

马皇后平时居家，总穿一身粗布衣服，虽已破旧也舍不得换。每次制作衣服的零布，她都收集起来，做成被褥。她常说："身处富贵，应为国家爱惜财物，随便丢弃，毁坏东西，是古人深以为戒的！"

有人对她说："皇后，您身为天下至富至贵，又何必舍不得这些小东西呢？"马皇后严肃地说："我听说古代后妃都是富而节俭、贵而勤劳才被史籍称誉的，做人最不应忘记的是勤俭，不应仗恃的是富贵。勤俭之心一动摇，灾难就随之而来了。我每想到这些，就不敢忽视这些生活小节。"宫女们听了，无不叹服；嫔妃们听了，都十分感动。她们纷纷颂扬马皇后的美德。

## ◎故事感悟

穷当克俭，是美德；富而思俭，是更高层次的美德。马皇后居安思危、生活俭朴的作风，值得我们去效仿，消费水平的提高不应成为我们放弃节俭的理由。崇尚节俭，不是强求大家节衣缩食，而是反对无度挥霍，漫天铺张。

◎史海撷英

## 赦免沈万三

明初有个商人沈万三，是"赀钜万万，田产遍吴下"的江南第一大财主（董谷《碧里文存》）。据说朱元璋建设南京城，洪武门至水西门一段城墙就由他出资修筑。又据说沈万三要求出钱犒赏军队，朱元璋问他，我有百万军士，你能每个都犒劳吗？沈万三不知收敛，蛮有把握地说可以每人发给一两银子。这样的人，富可敌国，敢同天子抗衡，激恼了君主朱元璋，要以乱民的罪名杀掉他。对此，马皇后劝解道："沈万三富是富得出奇，但他没有犯法，也没有图谋造反，杀他没有道理，也不符合法令，还是不杀的好。"朱元璋听了她的话，免沈万三一死，把他流放到了云南。

◎文苑拾萃

## "竹竿开花"劝夫君

朱元璋称帝后，贪图享乐，到处游山玩水。一天，他传旨三宫六院，陪他去游泰山。正准备起程时，马皇后姗姗来迟，高兴地说："万岁呀，皇宫里出了两桩喜事啦！"

朱元璋问："什么喜事？"

"你栽的竹竿开花了，你喂的大狸猫也在生娃娃啦。快去看看吧！"

朱元璋一听说他喜爱之物有喜，就跟皇后注宫里跑。他看了一会儿，又想走。马皇后见夫君执意要出游，连忙拉着万岁的龙袍说："竹竿顶上开花，可是从古到今没有的稀奇事啊！"

朱元璋看到了竹竿顶上开着红艳艳的花朵。他正聚精会神看时，忽然间刮起了一阵风，从竹林上飘下来一张彩纸，朱元璋接过一看，上面写道：

竹竿开花猫下蛋，元璋昏庸游泰山。

照他这样理朝政，只可称帝两年半。

朱元璋看了，惊呆了。他把诗递给马皇后看。马皇后一本正经地说："这是天意不可违呀！你是一国之君，心思不用在朝政上，江山哪有不垮之理？"

朱元璋听后，觉得在理，应该一心料理朝政才是。从此后，朱元璋就"改邪归正"了。

直到朱元璋老了以后，才知道这是马皇后为规劝他而设的计。

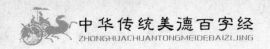

# 鲁迅先生的俭朴生活

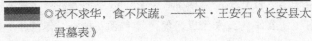

◎衣不求华，食不厌蔬。——宋·王安石《长安县太
　君墓表》

鲁迅（1881—1936年），浙江绍兴人，原名周树人，字豫山、豫亭，后改名为豫才。伟大的无产阶级的文学家、思想家、革命家，是中国文化革命的主将。被人民称为"民族魂"。

鲁迅先生爱生活、爱劳动，在日常生活中具有劳动人民勤劳和俭朴的作风。冬天在家里他自己砸煤，出门自己拿行李。不论劳动种类的大小，只要他力所能及，总是不辞劳苦地全力以赴，在发觉自己的体力不支时，他想到的是要赶快做，而不是先坐下来休憩。

鲁迅先生的吃穿都很俭朴。他日常吸烟、吃糖，都是"廉价"品，吃得好一点的不过是鸡蛋炒饭。

鲁迅先生平时只穿旧布衣，裤子总是单的或夹的，有的膝盖处已打了补丁。他有一条在日本留学时做的裤子，一直穿了二十多年。一年四季，鲁迅脚上总是一双橡胶底的帆布鞋，床上的棉被也是多年的老棉胎，睡的硬板床也从不愿意换藤绷或棕绷。

鲁迅在女子师范大学讲课时，不像许多教授那样，或长袍马褂，或西服革履，而是穿着已经打了补丁的褪了色的夹袍，夹着一个半新不旧的印花包袱去上课。在讲台上，他打开包袱，从里边拿出讲稿就津津有味地讲开了。他讲课通俗易懂，深刻尖锐，颇为风趣。同学们都喜欢听他的课，期待着他

打开那红地印有黑色条纹的花包袱。同学们说："鲁迅的布包里什么都有，就是没有一点儿奢侈和虚假。"

## ◎故事感悟

　　鲁迅作为一代文学巨匠，生活亦是如此的节俭朴素，那么在经济、科学发达的现代社会，我们更应该学会节俭朴素，好好珍惜每一份劳动成果。

## ◎史海撷英

### 《狂人日记》诞生

　　1918年，鲁迅先生在《新青年》杂志上发表了他的第一篇白话小说《狂人日记》。这是他第一次用"鲁迅"这个笔名发表文章，《狂人日记》也是中国最早的现代白话小说。这篇小说凝聚了鲁迅从童年时起到那时为止的全部痛苦的人生体验和对于中华民族现代命运的全部痛苦思索。它通过"狂人"之口，把几千年的中国封建专制的历史痛斥为"吃人"的历史，向沉滞落后的中国社会发出了"从来如此，便对么？"的严厉质问，大声疾呼："救救孩子！"

## ◎文苑拾萃

### 三口烟的抗议

　　1926年秋的一天，鲁迅先生到厦门市"美丰银行"领取支付的薪水。当他将四百元的支票递上柜台后，银行里的账房先生心里就犯了疑："这个身着破夹布棉袍，头发一根根竖着的老头儿，每个月居然有这么多薪水……"于是，其中的一位打起了官腔："这张支票是你的吗？"鲁迅先生并不回答，只吸了一口烟，还他一个白眼。这位钱鬼子第二次又问了一遍，鲁迅先生又吸了一口烟，依然一语不发。就这样连问三遍，鲁迅也连吸三口烟。结果，这四百元的支票就这样在无言的抗议中兑现了。

# 朱棣崇尚节俭

◎唯俭可以助廉，唯恕可以成德。——《宋史·范纯
仁列传》

---

明成祖朱棣（1360—1424年），明朝第三代皇帝，1402—1424年在位。明太祖朱
元璋第四子，生于应天，时事征伐，并受封为燕王，后发动靖难之役，起事攻打侄儿
建文帝，夺位登基。死后原庙号为"太宗"，百多年后由明世宗朱厚熜改为"成祖"，
明成祖的统治时期被称为"永乐盛世"。

---

　　明成祖朱棣是个好大喜功、有雄才大略的皇帝，他在位的22年中，有过
不少惊人之举。如迁都北京，五次亲征漠北，郑和下西洋，灭安南（今越南
北部），设奴儿干都司、哈密卫，通西域，浚漕河……为了办这些事情，耗费
了大量资财，以致造成财政的困难。因此，人们往往把明成祖看作一个挥霍
无度的皇帝。但是，明成祖这个人在封建国家统治方面确实是不惜钱财，而
在个人生活上却是一位去奢崇俭的帝王。

　　明成祖在生活上的节俭，与父亲明太祖朱元璋的教诲是不可分的。从他
小时候起，父亲便要求他和兄弟们去体验生活的艰难，处处撙节。当年明太
祖为诸王子修建王府时，明成祖的节俭便有所表现，那时他还是年少的燕王，
他致书正在北平督修燕王府的曹国公李文忠："所有宫殿（指旧元大都宫殿），
相度可存者存。若无用者拆去，须要停当。"在他的兄弟之间，他的所为当属
比较突出者。

　　做皇帝后，地位变了，但他生活上崇俭的习惯未变。他虽然不是开国之

君，却是自己夺位打下的天下，颇有些开国之君的样子。看到宫中宦官们不知节俭，便要发脾气，他曾对六科给事中（掌上言驳事的官员）说："宦寺服食所需，皆朝廷给之，岂得复有私营？近有于皇城内畜养鸡牲，靡费食米。今四方荒旱之后，民尚艰食，朕日夜为忧。此辈坐享膏粱，不知生民艰难，而暴殄天物不恤，论其一日养牲之费，当饥民一家之食，朕已禁戢之矣。尔等识之，自今敢有复尔，必罪不宥。"

知道百姓的艰难，又以天下为己之天下，成祖崇俭也就成其自然。永乐初年，成祖派太子少师姚广孝去苏、湖赈灾，临行前对他说道："人君一衣一食，皆民所供，民穷无衣食，岂可不恤？君，父也；民，子也。为子当孝，为父当慈，务尽其道。"正因为人君一衣一食，皆百姓所供给，才应倍加珍惜。明成祖这样要求别人，也这样要求自己。

当儒臣们送上《大学正心章讲义》时，他反复读了多遍，特别喜欢其中所讲静心寡欲的道理。他认为做皇帝的尤其不能有所好乐，一有好乐，泥而不返，则欲望必胜过理智。如果能够做到心静而虚，事来则应，事去后如同明镜或一潭静水，绝非易事。尤其是身为皇帝，上朝时忙于政务，尚不及遐想，退朝后则容易放松自己。

明成祖为此便经常提醒自己，将欲心与天下联系起来："为人君但于宫室车马服食玩好无所增加，则天下自然无事。"想到天下，他顿时警觉起来，于是克己之心占了上风。当然他偶尔也会有疏忽之时。成祖曾派宦官去山西采办天花，但事后便感到后悔，立即传旨停办。外国朝贡玉碗，他拒而不受，让礼部赐钞遣还。对于这类平日不用，府库中又已有的东西，尽量限制，免得人们察其所好，争相进献，于国事无益。

有一次，成祖上朝，里衣的衣袖露到外面，那里衣已是很破旧了，成祖将衣袖往里塞了塞，过不一会儿又露了出来。身边大臣们看到了，恐怕皇帝尴尬，便出来说些歌功颂德的话。成祖听了感叹道："朕虽十日易新衣，未尝无。但念昔皇妣（母后）躬补故衣，皇考（父皇）见而喜，曰：皇后居富贵，勤俭如此，正可为子孙法。故朕常守先训，不敢忘。"说到这里，他自己也不禁怆然。

"陛下恭俭如此，诚万世之法。"诸臣自然是一片颂扬。

成祖的节俭影响到当时官场的风气。当时内阁大学士解缙在家信中写道："在此每月官米7石，其余每石折钞共70贯，又尝留下3石，粜4石得钞百余贯。而马料豆每石50贯，稻草亦甚贵。时时虽有赏赐，随得随用，又作些人情，又置些书，尽皆是虚花用了。衣服靴帽饮食之类，所费不赀。"户部尚书夏原吉的弟弟到京城看望他，临走时夏原吉只送给他2石米。

成祖见了，也觉得太少。夏原吉回答说："臣所遗俸，已寄之，无以为赠。"

成祖过意不去，又赠了几匹布。据说当时新科进士都是徒步往来，没有骑马乘轿的，在京官员的住房也很一般，甚至有些破败不堪，仅蔽风日而已。

## ◎故事感悟

上行下效，在上者不可不慎。难怪明朝人在谈到明初社会风气时，无不赞其"风俗淳美"、"俭朴淳厚"，这与明成祖俭朴的精神是不可分的。

## ◎史海撷英

### 编纂巨著

永乐元年（1403年），朱棣命解缙等人编纂"凡书契以来经史子集百家之书，至于天文、地志、阴阳、医卜、技艺之言，各辑为一书，毋厌浩繁"。动用文人儒臣3000余人，辑古今图书8000余种，谓"纂集四库之书，及购天下遗籍，上自古初，迄于当世"。于永乐六年（1408年）编成，共22877卷，装成11095册，定名为《永乐大典》，藏于"文渊阁"中。对保存古代文化典籍，有重要贡献。

◎文苑拾萃

## 御制弘仁普济天妃宫诗（节选）

（明）朱棣

湄洲神人濯厥灵，朝游玄圃暮蓬瀛。

扶危济弱俾屯亨，呼之即应祷即聆。

上帝有命司沧溟，驱役百怪降魔精。

囊括风雨屯雷霆，时其发泄执其衡。

洪涛巨浪帖不惊，凌空若履平地行。

雕题卉服皆天氓，梯航万国悉来庭。

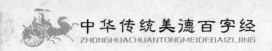

## 康熙的节俭

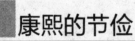

◎勤能补拙，省能补贫。——格言

愛新覺羅·玄烨（1654—1722年），大清圣祖仁皇帝，清朝第四位皇帝，也是清军入关以来第二位皇帝，年号"康熙"，通称康熙皇帝，为中国历史上的成功帝王之一。谥号合天弘运文武睿哲恭俭宽裕孝敬诚信中和功德大成仁皇帝，是在位时间最长的皇帝。

康熙皇帝是一位崇尚节俭，反对奢侈的帝王。他从巩固清朝统治的需要出发，努力倡导各级官吏的廉政，并且对宫廷内的日常消费极为重视。

康熙皇帝幼龄登基，当时由四大臣辅政。在顺治及康熙十年（1671年）以前的近30年中，奢靡之风较为盛行。他亲政之后，深感此风"于治化所关匪细"，于是，多次颁发谕旨，倡导节俭，禁止奢侈。

康熙十一年（1672年），他下谕强调："帝王之治，首在维持风化，辨别等威。崇尚节俭，禁止奢侈，故能使人心淳朴，治化休隆。"同时针对内外官员的奢侈无度，要求礼部定出相应制度，以严格控制各级官员的奢侈腐化。在平定三藩之乱、统一台湾之后，全国政局比较稳定，社会生产也有了很大发展。这时，康熙帝又告诫臣民，"民间用度充足，由于节俭"。同时针对八旗官员在祭葬、筵宴方面的铺张，要求八旗都统、副都统"严行禁止"。不久，康熙又发现汉军八旗的官员到地方任职，"每借京债，整饬行装，务极奇丽，且多携仆从"，到任之后，"终日群居"，"饮酒为乐"，于是，特颁谕旨，指出，这些官员为满足私欲，"势必苛敛于民，以资度用"，而如此"朘削小民，民何以堪"？对此必须严加禁止。他还特别强调："朕此谕旨，总为敦厚风俗，陶淑人心而起。使汉军居官者，皆似总督范承勋、巡抚于成龙之善，朕又何谕之有？"

康熙帝提倡节俭，反对奢侈，确实收到了良好的效果，出现了一些被百姓所爱戴的清官，如于成龙、张伯行、汤斌等。康熙三十九年（1700年），康熙帝曾十分得意地谈论起康熙十年以后的变化：

> 十年以前时，凡器用服食等物，甚为奢侈。自朕听政以来，一应服食，俱从节俭。诸王大臣，亦皆效法，不用金银器皿、金镫等物。此时服用，较从前，十分之内已减九分矣。马齐奏曰，十年前，葬祭多焚化皮衣，今其风已息。

这番话，或许有些夸张，但奢靡之风有所控制却是可以肯定的。

在提倡节俭的过程中，康熙帝对宫廷的消费是十分关注的。他特别注重与明朝的情况相对比，以图在节俭方面大大胜过明朝，而为后世树立榜样。

康熙二十八年（1689年），"大内发出明代宫殿、楼亭、门名折子，又宫中所用银两及金花铺垫并各宫老媪数目折子"，于是，康熙帝令诸王大臣详查奏报。二十九年正月，大学士等将查阅结果作了汇报，并盛赞了康熙帝的节俭：

> 臣等察前明宫内，每年用金花银共九十六万九千四百余两，今悉已充饷。又察前明光禄寺每年送内所用各项钱粮二十四万余两，今每年止用三万余两；每年木柴二千六百八十六万余斤，今止用六七百万斤；每年用红螺等炭共一千二百八万余斤，今止用百万余斤；各宫床帐、舆轿、花毯等项每年共用银二万八千二百余两，今俱不用。又察前明宫殿、楼亭、门数共七百八十六座，今以本朝宫殿数目较之，不及前明十分之一。至前明各宫殿，九层基址，墙垣俱用临清砖，木料俱用楠木，今禁中修造房屋，出于断不可已，非但基址未尝用临清砖，凡一切墙垣俱用寻常砖料，所用木植亦惟松木而已。臣等以所察各条，并皇上发下折子，令九卿、詹事、掌印不掌印科道官员遍观。诸臣皆曰："我皇上百凡撙节俭约，臣等向所共知，但未能详悉，今观事事减省，至矣，极矣。"又《礼》云，

天子后，立六宫、三夫人、九嫔、二十七世妇、八十一御妻。此皆有名数者，至所使宫人妇女以数千计，唐太宗乃有唐令主，观其一次遣发宫人，已及三千，则其余更有数千人可知。今慈宁宫、宁寿宫外，乾清宫妃嫔以下，使令老媪、洒扫宫女以上，合计止一百三十四人，可谓至少。不独三代以下所无，虽三代以上，亦未有如此者。皇上节俭盛德，诚超迈千古矣。

## ◎故事感悟

　　作为最高统治者的皇帝倡导廉政，其作用是不可低估的。康熙帝有关崇尚节俭，反对奢侈的谕旨，固然有自我炫耀的成分，但是，康熙帝的崇尚节俭，不能仅仅视为故作姿态，他把倡节俭、禁奢侈作为巩固统治的重要措施之一，这一点还是显而易见的。

## ◎史海撷英

### 修著图书，重视道教

　　康熙曾多次举办博学鸿儒科，创建了南书房制度，并亲临曲阜拜谒孔庙。康熙帝还组织编辑与出版了《康熙字典》、《古今图书集成》、《历象考成》、《数理精蕴》、《康熙永年历法》、《康熙皇舆全览图》等图书、历法和地图。康熙帝还褒封道教白云观方丈王常月，并依于门下。

## ◎文苑拾萃

### 菩萨顶

（清）康熙

四十余年礼世伽，本来面目是天家。

清凉无物何所有，叶斗峰横问法华。

# 钱学森的公文包

◎施而不奢，俭而不吝。——颜氏家训

---

　　钱学森（1911—2009年），中国著名科学家，1934年毕业于上海交通大学机械工程系，1935年赴美国研究航空工程和空气动力学，1938年获加利福尼亚理工学院博士学位。后留在美国任讲师、教授。1950年开始争取回归祖国，受到美国政府迫害，失去自由，历经五年，于1955年才回到祖国。1958年起长期担任火箭导弹和航天器研制的技术领导职务。

---

　　钱学森生于上海，三岁以前一直生活在杭州。热闹的浙医二院背后有一条幽静清新的小巷子，钱老杭州的故居叫做"方谷园2号"，就位于这条巷子尾端。方谷园2号原是钱学森母亲的陪嫁，新中国成立前属于钱学森所有。在杭州钱家故居是很气派的，他母亲家更气派。钱学森在上幼儿园、小学的时候每天都是黄包车接送，是真正的公子哥。

　　他曾说："三岁太小了，但我记得杭州很多。"根据杭州市房管局的档案记载，钱学森在20世纪60年代写信给杭州市政府，要求将他的私有房产即"方谷园2号"无偿捐献给杭州市政府。

　　新中国成立后，钱学森放弃美国的丰厚待遇回国，为我国两弹一星事业做出了不朽的贡献。

　　上海交通大学要成立档案馆，曾勋良负责收集钱学森的资料和实物。曾勋良回忆说："我问钱老有什么东西好放在档案馆，钱老说，他不要王婆卖瓜自卖自夸，就给了我两支铅笔和一个本子。我想想，这也太少了呀，就左看右看，看到墙上挂着一只很旧的公文包，就说，能不能把公文包给我？钱老说什么也不肯，说那只公文包已经用了55年了，他在美国就一直用那只包，现在也还要用。"曾勋良说，那时是20世纪80年代后期，"钱老给人的印象非常节俭。他起草文稿，都是写在挂历的背面或会议材料的背面。"

钱学森直到去世仍住在一间的公寓房里。

## ◎故事感悟

我们不仅要学习钱学森教授的爱国情结，更要为他老人家的节俭生活作风感到无比敬佩和万分赞许。

## ◎史海撷英

### 中国航天的奠基人

1958年起，钱学森长期担任火箭导弹和航天器研制的技术领导职务，为中国火箭和导弹技术的发展提出了极为重要的实施方案。

1965年，钱学森正式向国家提出报告和规划，建议把人造卫星的研究计划列入国家任务。在实施人造卫星研制计划中，钱学森在许多关键技术问题的解决上贡献了智慧。钱学森对科学技术的重大贡献是多方面的，他以总体、动力、制导、气动力、结构、计算机、质量控制等领域的丰富知识，为组织领导新中国火箭、导弹和航天器的研究发展工作发挥了巨大作用，对中国火箭导弹和航天事业的迅速发展做出了卓越贡献。

## ◎文苑拾萃

### 中国第一颗原子弹爆炸

1964年10月16日15时，中国在西部地区爆炸了一颗原子弹，成功地实现了第一次核试验。

这次核试验的成功，是中国国防建设和科学技术方面取得的一项重大成就，它标志着我国打破了核大国的核垄断，使我国国防现代化建设进入了一个新的阶段。

# 第二篇

厉行节俭

# 墨子提倡节俭的思想

◎天下之事，常成于勤俭而败于奢侈。——陆游

> 墨子（约前468—前376年），名翟，鲁人。墨子是我国战国时期著名的思想家、教育家、科学家、军事家、社会活动家，墨家学派的创始人。创立墨家学说，并有《墨子》一书传世。

在战国时代，奴隶主、王公贵族们死后，都要劳动人民为他们营建坟墓。棺材外面用很大的木椁，还捆三层牛皮。死人穿着非常讲究的衣服。一起埋葬的有玉器、丝织品、饮食用具等数不清的珍贵的东西，地下要修建巨大的墓穴来埋葬这些东西。

为了减轻人民的负担，墨子反对奴隶主、王公贵族的奢侈浪费的寄生生活，提出"节用"、"节葬"的主张。他说："人们穿衣服是为了御寒，夏天防暑热和雨水；制造车船是为了便利交通。"因此，他坚决反对在衣、食、住、行方面的任何浪费。关于埋葬死人，他说："一个人死了，有三寸厚的木板做棺材，就可以了；只要有几件衣服，不让死人赤身裸体就够了；至于坟墓，只要能掩埋住棺材，止住尸体的臭味就行了。何必挖得很深，埋得像小山那么高呢？"

为了提倡节俭，墨子和他的学生们都过着十分俭朴的生活，身上穿的是粗布短衣，脚上穿的是麻鞋木屐。墨子一生不但节俭，而且勤劳，亲手制造对人民生活和生产有用的东西。墨子自己就是一位精通机械制造的人，特别擅长制造防御战争中使用的器械。

## ◎故事感悟

　　墨子所提倡的节俭思想是中国传统消费伦理的主流，对建构现代条件下的新型消费伦理观具有一定的借鉴意义。现代消费伦理观的建构应立足当下并与传统的节俭思想相承接，反对浪费，提倡"俭而有度，合理消费"。

## ◎史海撷英

### 墨家学派的始创

　　墨子曾经从师于儒者，学习孔子之术，称道尧舜大禹，学习《诗》、《书》、《春秋》等儒家典籍。但后来他逐渐对儒家繁琐礼乐感到厌烦，最终舍掉了儒学，形成自己的墨家学派。墨家是一个宣扬仁政的学派。在代表新型地主阶级利益的法家崛起以前，墨家是先秦和儒家相对立的最大一个学派，并列"显学"。

## ◎文苑拾萃

### 墨子怒责耕柱子

　　墨子对耕柱子发怒。耕柱子反问道："难道我就没有胜过旁人的地方吗？"墨子问："假如我要上太行山去，用一匹良马或一头牛来驾车，你说我将驱赶哪一匹呢？"耕柱子答道："当然驱赶良马了。"墨子问："为什么要良马呢？"耕柱子说："因为良马值得你用来鞭责。"墨子说："我也以为你是值得鞭责的。"

# 杨王孙的"裸葬"

◎自奉必须俭约，宴客切勿流连。——朱子《治家格言》

> 杨王孙（生卒年不详），西汉时汉中城固县人，久居长安。家累千金，却竭力提倡简葬。死后裸葬于终南山，为我国古代提倡简葬的著名人物。

汉朝的时候，凡死人都讲究厚葬，王公将相的坟墓里金银财宝一个赛一个多，就是普通人家也尽其所能地往坟墓放不少东西。一时之间，整个社会厚葬成风。

当时，在汉中有一个很富有的大户人家，叫杨王孙，他是远近闻名的学者。杨王孙对这种误世害民的厚葬之风很痛恨，下决心以自己的实际行动来矫正时弊。

于是，他在得了重病以后就给他的儿子留下遗嘱：待他死去，儿子要将他"裸葬"，既不着华贵的衣饰入棺，也不得陪葬金银财宝。

儿子听了父亲的嘱托，很是为难。照办吧，感情上过不去，又不合时尚；不照办吧，父命又怎好违背？前思后虑之际，他把这事告诉了父亲的密友祁侯，请祁侯和他一块儿来说服父亲。

这天，他们来到杨王孙的病床前，探望病情后便说起遗嘱的事。杨王孙听了他们的劝说，挣扎着病体，重新申述了自己关于"裸葬"的主张。他说："搞厚葬，完完全全是把好东西糟蹋在地下，纯粹是浪费。还有的是今天刚入土，明天被盗走，这与暴尸荒野有什么区别？搞厚葬的人是想把钱财带进地下，以便继续享用。但是，人只要入土，尸骸腐烂，哪里还真有什么阴曹地府呢？所以厚葬只能是'死者不知，生者不得'，是一件大蠢事！"他再一次告诫儿子："对这种世俗的做法，'吾不为也'！"

儿子被父亲的想法说服了。后来，儿子怀着极为崇敬的心情，将父亲"裸葬"了。这在当时曾引起轰动，给"厚葬"的时弊以很大的矫正。

## ◎故事感悟

人死了，就完成了自己的人生历程，化为尘土，变成青烟。无论给他多少钱财，也不会继续享用了，那又何必糟蹋活人应当享用的东西呢？

提倡"裸葬"，也就是反对奢侈浪费。我们应当看到，虽然我国的现代化建设取得了很大成就，但我国仍然是发展中国家。要全面建设小康社会，需要进行长时期艰苦奋斗。所以，艰苦奋斗、勤俭节约，时时处处不能丢。

## ◎史海撷英

### 西汉刺史制度

汉武帝时为监察地方，全国分十三州，设置刺史。后来，刺史权渐重，积久成制，成为行政长官。西汉末到东汉，刺史改称州牧，级别提高，成为最高地方行政长官。州也成了最高地方行政区划了。

西汉承袭了秦始皇开创的专制主义中央集权制度，历经惠、文、景帝，到汉武帝时，通过解决诸侯王国问题，进一步控制了地方政权；又接受了董仲舒的建议，确立了封建君主专制主义的指导思想和理论基础。两汉时采取中外朝制度和设立尚书台，实行刺史制度和上计制，从而完善了这一制度。

## ◎文苑拾萃

### 西汉都城

中国西汉都城遗址，位于陕西省西安市西北约三千米处。汉高祖五年（公元

前202年）置长安县，在秦兴乐宫的基础上建长乐宫，七年建未央宫，同年自栎阳迁都长安。惠帝元年至五年（公元前194—前190年）修筑城墙。武帝时建桂宫、北宫、明光宫，并于城西外侧建建章宫，于城西南扩充秦以来的上林苑，开凿昆明池，广建离宫别馆。西汉二百多年间，它是全国政治、经济、文化的中心，也是东西方"丝绸之路"的起点。

# 陶侃拾荒

◎豪华尽出成功后，逸乐安知与祸双。——王安石

> 陶侃（259—334年），字士行（或作士衡），鄱阳（今江西鄱阳）人，中国东晋时期名将，大司马。初为县吏，渐至郡守。永嘉五年（311年），任武昌太守。建兴元年（313年），任荆州刺史。后任荆江二州刺史，都督八州诸军事。他精勤吏职，不喜饮酒、赌博，为人称道。

公元265年，司马炎强迫魏帝退位，建立西晋王朝，自称皇帝，是为晋武帝。他认定国家已统一，从此贪图享乐，朝政日趋腐败，整个国家处于一片奢靡的风气中。当时有个官僚叫石崇，家族世代为官，大量搜刮民脂民膏，仅家中奴仆就有八百多人，具体财产更无人说得清楚，比皇亲国戚们都富有几百倍。据说他家连厕所都布置得十分豪华，不仅有华丽的床，还有丝绸的被褥，并有婢女捧香侍候。石崇还曾与文明皇后的弟弟斗富，铺设了十里的彩缎，用香料和泥抹墙。

但此时却有一人例外，他就是陶侃。陶侃的母亲给别人做针线养活一家人，家里很穷，常常吃了上顿没下顿。一次，来了客人，家里没有一文钱，母亲只好剪去自己的长发卖了，换来酒菜招待客人。在这样的环境里长大的孩子，自然懂得生活的艰辛和物品的来之不易，哪有不珍惜的道理？

在广州任刺史时，陶侃每天早上都会将上百块砖搬出屋外，晚上又搬进屋内，数日数月，坚持不懈。周围的人觉得很奇怪，问他原因，他说："过分富裕闲适的生活，会消磨意志，怕将来不能为国家承担重任。"

他对自己严格要求，对别人也不姑息。有一回在路上，他看到有人拿着一把没有成熟的稻子，就走过去问："你拿它有用吗？"那人回答："走路的时候看见了，随便摘下的。"陶侃听后大怒："你自己不种田，却随意糟蹋别人的稻子！"于是他便将那人解往官府，予以惩罚。陶侃对那些不珍惜别人劳动成果的人十分痛恨。后来，陶侃当了八州都督，相当于一位大将军，但他常常亲临军营视察，关心士兵的生活和训练。当时军队正在造一批大船，他每天都去工地视察，看到到处都扔着木屑、竹子头，陶侃很心痛，叫人都捡起来放进仓库。他手下的人觉得很不可思议。

这一年冬天，雪下得很大。春天快来时，雪开始融化，道路又湿又滑，行走很不方便。陶侃让人从仓库里搬出藏着的木屑，撒在路上。将士们走在上面，又松又软又干燥。想不到木屑有如此大的用途，将士们不禁对将军的先见之明和勤俭节约的精神顿生敬意。

过了不久，桓温将军率七千士兵攻打蜀地。桓温庞大的船队行驶在长江三峡的激流中，令敌人闻风丧胆。这些战船就是陶侃部队建造的。战船建造的时间很紧，陶侃只得带着士兵加班加点地干，船造了一半时，发现钉子不够用了。怎么办呢？采办肯定来不及了。陶侃就想到藏在仓库里的竹子头，他灵机一动，便立即叫人取出竹子头，削成竹钉，代替铁钉。这些竹头牢固结实，不怕水浸泡。几十条战船按时赶造出来，使得桓温将军抓住战机，顺利攻克了蜀地。

## ◎故事感悟

滴水汇成河，粒米攒成筐。节约是强大力量的储蓄！事实证明，任何一个国家、一个民族，如果骄奢淫逸成风，享乐主义盛行，就没有什么希望。

## ◎史海撷英

### 陶母款待客人

陶侃的母亲湛氏，当初是嫁给陶侃的父亲陶丹做小老婆的。陶家非常贫苦。

湛氏每每很勤俭地纺纱、织布，赚钱来帮助家用。她教陶侃要结交比自己好的朋友，这样才能增长学问和见识。家里虽然贫苦，可是客人来了，她也要好好款待，一点儿没有厌恶的心。有一天，雪下得很大，鄱阳地方的孝廉范逵到了陶家过夜。陶侃的母亲就把自己床上新做的草荐拿出来割断了做草料，亲自去喂客人的马；又暗地里剪下了头发，拿头发去卖了钱来，充着酒菜的费用。范逵得知了这回事，就叹口气说："若不是这个母亲，哪里生得出像陶侃这样的儿子来呢？"

## ◎文苑拾萃

### 陶侃送客百里

范逵是陶侃的一个朋友，既赞赏陶侃的才智和口才，又对他的盛情款待深感愧谢。范逵到陶侃家做客，第二天早晨范逵告辞，陶侃送了一程又一程，快要送到百里左右，范逵说："路已经走得浪远了，您该回去了。"陶侃还是不肯回去。范逵说："你该回去了。我到了京都洛阳，一定给你美言一番。"陶侃这才回去。范逵到了洛阳，就在一些人面前称赞陶侃，使他的好名声广为人知。

# 萧鸾与粽子

◎侈则多欲。君子多欲则贪慕富贵，枉道速祸。——司马
光《训俭示康》

> 萧鸾（452—498年），字景栖，小名玄度，南朝南兰陵（治今常州西北）人。南齐
> 的第五任皇帝（494—498年期间在位），庙号高宗。为始安王萧道生之子、齐高帝萧道
> 成之侄。其父早亡，鸾由叔父高帝抚养成人。公元498年萧鸾病故，葬于兴安陵。

　　登上帝位后，萧鸾就将前朝武帝新盖的林苑完全废去，改为良田以种谷，把田地还给百姓。他说："夺百姓口中食、住之宅、身上衣，为自己一时享乐，这是最大的无道。"他还把原来朝廷中制造的马车、大轿、龙船上所装饰的金银，下令统统挖下来，归还国库。他自己的衣食也十分俭朴，不让太监给他做太好的膳食。逢年过节，没有他的指示，什么人也不敢随便给他加菜。他下令给管膳食的太监，每餐菜不过五，就是不能超过五样菜。

　　一年元宵，京都中张灯结彩，家家户户喜庆元宵节，宰猪杀鹅，喝酒宴宾，一派热烈景象。而宫墙之内，无灯无彩、无酒无席，冷冷清清，没有一点节日的样子。一个新来管膳食的太监，快到皇帝用膳的时候，还没有接到指令加菜。他想，百姓小民在这种节日也要治办丰盛酒席，当今皇上难道就不可稍加点菜肴吗？他便擅自做主，给齐明帝多加了三个菜，共成为八碗。当菜饭上去以后，齐明帝见给他多加了三个菜，立即叫侍官追询查问，当侍官查清之后，如实上奏明帝。明帝说："念他是新来首犯，不予治罪，赶出宫廷，永不录用。以后再有违反，必诛无疑。"从此，谁也不敢违反明帝的规定。

　　一年端午节，建康城中热闹非凡，宫中还是没得到皇帝的指令，无歌舞

管弦，也无豪华酒宴，完全是一派清朴节俭的平日气氛；管膳食的太监想，若给皇帝用膳像往常一样，这就少了节日的气氛；若是给皇帝多加酒菜，又怕皇帝怪罪。他左思又想，便想出来一个办法：吃粽子是端午节的习俗。给皇帝做一个精致、丰富、美观的特大粽子，这样既不违反"菜不过五"的规定，又使内容丰富。

于是他就派手下人想尽方法，把各种美味佳肴都巧妙地包进粽子里，让皇帝剖开粽子，便能吃到各色精致的菜。当粽子做好之后，果是天下一绝，其色彩艳丽，犹若桃花；形状美观，犹若菱角；而香味扑鼻，让人馋涎欲滴，有猪腿一般大，上面还有"端阳喜欢"几个字。当粽子献上给齐明帝后，齐明帝也赞道："好粽子！好粽子！"他一看，又只这一道菜，也没违反规定，而剖开却有多种美味，齐明帝想责怪吧，又觉得没有什么根据；不责怪吧，它确实违反了自己的规定。他沉思片刻后说："制粽之人，用心良苦，如此佳作，世所罕见，我不能不给予赞扬。这一大粽子，实际是我两天的食粮，现在要你们把它一分为四，我每餐只能食用一块。"他旁边侍候的太监说："皇帝不必太俭，一年只一次端午，百姓小民都要喜庆一番，你多吃一点，也是常理。"齐明帝说："天子的一举一动，都影响着天下。我提倡节俭，不从我做起，天下人是不会认真去做的。"

◎故事感悟

　可以说修身、齐家、治国都离不开勤俭节约。帝王的饮食，大概五道菜就算做节俭了；而平常的百姓之家，如果是五道菜，就是太奢侈了。而作为帝王的萧鸾能够以身作则，提倡节俭，这种精神是难能可贵的。

◎史海撷英

**萧鸾暴政**

即位前后，萧鸾为了篡夺和保持帝位，大杀宗室。直到病死之前，他还唯恐

宗室和他争位，将高帝和武帝的子孙悉数召入皇宫，连襁褓中的婴儿也令乳母抱来，然后命太医煮了两大锅辣椒，命护水监办好数十具棺材，准备在深夜毒杀他们。后经大臣极力劝谏，才作罢。

## ◎文苑拾萃

### 齐·明帝裹蒸

（唐）孙元晏

至尊尊贵异人间，御膳天厨岂等闲。
惜得裹蒸无用处，不如安霸取江山。

# 一颗麦粒，千分辛苦

◎俭是你一生中食不完的美餐。——格言

> 李勣（594—669年），本姓徐，名世勣，赐李姓，为避太宗讳，去"世"字，单名勣。字懋功，曹州离狐（今山东东南）人。唐初大将，任唐右武侯大将军、司空等职，曾被封为东海郡公、曹国公、英国公。

李勣官高位显，禄厚薪丰，却十分节俭，尤其以悯农爱粮著称。

一天，家乡一个年轻人到京都拜见他。吃饭时，桌上只有几盘素菜和几个麦饼子。李勣谈笑风生，大口大口地吃着。年轻人吃了几口菜，觉得味道清淡，就懒得伸筷了，咬了几口饼子，觉得饼子很硬，就把饼皮撕下来，偷偷扔在地下。

年轻人的举动被李勣看见了，他心里很不高兴，便对年轻人说："年轻人，我想向你请教一个问题！"年轻人道："您老识多见广，何言请教？您有什么话只管说吧！"

李勣说："我自幼家富，不知这饼子是怎么来的。你生在农村，一定熟悉，能讲给我听听吗？"年轻人回答："这很简单，经过犁、耙、种、锄、收、打，便可得到麦粒；再将麦粒磨粉，就可得到面；再将面用水和，上锅烙，便可得到饼子。"

李勣捋着胡子笑着说："哈哈，你说得不错。可是，这犁、耙、种、锄、收、打，还有磨、和、烙，就像你嘴说那么简单吗？锄，得头顶烈日，脚踏灼土，大汗淋漓，嗓子冒烟！还得浇水吧，那可要吱呀呀、吱呀呀，不停地摇辘轳，从早摇到太阳下，摇得腰酸背痛手又麻。年轻人，你没干过这些活吧？"

年轻人回答："我父亲从不让我干这些。"

李勣说："怪不得你这样不珍惜粮食呢！"

年轻人听了，面红耳赤。李勣令仆人拾起扔在地上的饼皮，用水洗净拿来，一块块放在嘴里。他吃得那么津津有味。吃完，他抹了一下嘴说："谁知一颗麦粒，千分苦啊！"从此，年轻人改了旧习，李勣悯农爱粮的故事也被传为佳话。

## ◎故事感悟

李勣的可贵之处在于，他无论担任任何职务，都不忘农民种田收获的辛劳，始终保持着农民节俭、仆实的作风，并以适当的举动教育后辈崇尚节俭，这是值得我们学习和反省的！

## ◎史海撷英

### 永徽之治

"永徽之治"指的是使唐高宗李治统治时期的一段盛世。唐高宗共在位三十四年（649—683年），前六年号永徽。在即位之初，高宗继续执行太宗制订的各项政治经济制度，与李勣、长孙无忌、褚遂良共同辅政。他们君臣都牢记太宗的遗训遗嘱，奉行不渝。训令纳谏、爱民，高宗即位时即对群臣宣布："事有不便于百姓者，悉宜陈，不尽者更封奏。"并日引刺史入阁，问以百姓疾苦；训令崇俭，高宗即召令："自京官及外州有献鹰隼及犬马者罪之。"高宗君臣们萧规曹随，照太宗时法令执行，故永徽年间，边陲安定（击败西突厥的进攻），百姓阜安（人口从贞观年间的不满300万户，增加到380万户），有贞观之遗风，史称"永徽之治"。

◎文苑拾萃

### 李勣煮粥侍姊

　　唐英公李勣，身为仆射（宰相），他的姐姐病了，他还亲自为她烧火煮粥，以致火苗烧了他的胡须和头发。姐姐劝他说："你的妾那么多，你自己为何要这样辛苦？"李勣回答说："难道真的没有人吗？我是想姐姐现在年纪大了，我自己也老了，即使想长久地为姐姐烧火煮粥，又怎么可能呢？"

# 长孙皇后临终托俭葬

◎古今将相在何方，荒冢一堆草没了。——《红楼梦》

> 长孙皇后（601—636年），河南洛阳人。祖先为北魏拓跋氏，后为宗室长因号长孙。高祖稚，大丞相、冯翊王。曾祖裕，平原公。祖兕，左将军。父晟，字季，涉书史，趫鸷晓兵，仕隋为右骁卫将军。母亲高氏为北齐清河王高岳之孙，乐安王高励之女。
>
> 长孙皇后于仁寿元年出生于长安，大业九年（13岁）嫁给了唐国公李渊的二子李世民为妻。李世民升储登基以后，被立为皇后。贞观十年（636年）六月，长孙皇后在立政殿去世，时年36岁。同年十一月，葬于昭陵。初谥曰文德。上元元年八月，改上尊号曰文德顺圣皇后。

唐朝有位贤明的皇后，她就是唐太宗的文德顺圣皇后长孙氏。她一生尊崇节俭。

长孙皇后生了三个儿子。一天，太子的乳母遂安夫人见东宫用器太少，要求皇后添置一些。皇后不许，并说："我替太子忧虑的是德不立而名不扬，并非器物太少。如今国家新建，百姓饱受战乱之苦，刚刚安定下来。太子作为储君，应多多体恤民情，注意节俭，方为人君之德。"

她不仅对太子严格要求，自己也是躬行节俭，凡是衣物车马，只要够用就好，从不讲究。六宫上下，都以皇后为榜样，不敢靡费。

公元636年，长孙皇后临终之际，正是大臣房玄龄因一点小过错被太宗遣归家门之时。长孙皇后从大唐朝的利益出发，再三向唐太宗求情说："玄龄跟随陛下时间最长，处事小心谨慎，参与国家机密，从来不泄漏一句。为官以国为忧，孜孜求治。平日生活节俭，从不奢侈浪费，一日三餐不食山珍海味。

这是多可贵的品质啊！只要没有犯什么大错，请您不要罢免他。"长孙皇后又说："我的本家有幸与皇上您结成姻亲，但他们并不是靠才德获得高位。生活上不注重节俭，追求华贵，贪图享受。这很容易闹出乱子，请皇上不要让他们掌握大权，只以外戚的身份入宫请见，我就放心了。"

最后，长孙皇后又用低微的声音说："自古圣贤都崇尚节俭，只有无道之君才大兴土木，劳民伤财。我死之后，不可破费厚葬，只愿依山为坟。不用制造棺椁，所需器服用品，都用木瓦。如能以俭约送终，就是皇上对我的最好怀念了。"听了长孙皇后的话，太宗难以抑制心中的悲痛，默默地应允了她。这位历史上少有的贤德之后，只活了36岁。

◎ 故事感悟

长孙皇后生性节俭、深明大义，不愧为母仪天下的皇后。她这种崇尚节俭的作风也值得我们去提倡和学习。

◎ 史海撷英

### 玄武门之变

玄武门之变是唐高祖武德九年六月初四庚申日（公元626年7月2日），由当时的秦王、唐高祖李渊的次子李世民在唐帝国的首都长安城（今陕西省西安市）大内皇宫的北宫门——玄武门附近发动的一次流血政变，李世民杀死了自己的长兄（当时的皇太子李建成）和四弟（当时的齐王李元吉），得立为新任皇太子，并继承皇帝位，是为唐太宗，年号贞观。

◎ 文苑拾萃

### 《女则》

长孙皇后生前编有《女则》一书，将古代名女子的事迹整理汇编，目的

只是平日翻阅以随时提醒自己的所作所为。在她生前，即使是她的丈夫都没有见过这部书，直到她去世后，宫女拿出来呈献给李世民，他才得知有这样一本书，而且皇后严格地按照书上的榜样和规则协助着他治理国家。可惜的是，《女则》一书没能流传下来。

### 文德皇后挽歌

（唐）李百药

裴回两仪殿，怅望九成台。

玉辇终辞宴，瑶筐遂不开。

野旷阴风积，川长思鸟来。

寒山寂已暮，虞殡有余哀。

# 赵匡胤倡导节俭

◎世人都晓神仙好，只有金银忘不了，终朝只恨聚无多，及到多时眼闭了。——《红楼梦》

---

赵匡胤(927—976年)，涿州(今属河北)人，北宋的创建者。五代时，为后周将领，以战功升殿前都点检，统领禁军。后周显德七年(960年)，他通过陈桥兵变夺取后周政权，建国号宋，都城开封(今河南)。他以三年时间平息内部反对势力，随后进行统一全国的军事行动，采取先南后北、先易后难的战略方针，征战十余年，平定荆南、后蜀、南汉等各地割据政权。同时，采取一系列措施，改革军事、政治、财政、科举等制度，以加强中央集权。他在位17年，庙号太祖，年号建隆、乾德、开宝。在位期间，基本上结束了五代十国分裂割据的局面，为社会经济的恢复和发展发挥了积极的作用。

---

宋太祖赵匡胤不仅是一代开国明君，他还是一个倡导节俭并以身作则的皇帝。

在过七夕节的时候，开封城里非常热闹，大家都喜气洋洋。赵匡胤只是送给自己的母亲和妻子几吊钱作为节日礼物，别的什么也没有。

其实，宋太祖有的是钱，当时开封的32个国库里装满了财物，但赵匡胤一点也不挥霍，生活一直很朴素。他睡的宫殿里只挂着青布和苇帘，用的丝织品都没有绣图案。

有一次，赵匡胤把一件用麻做的衣服展示给身边的人看，说："这是我以前穿过的衣服。"赵匡胤的弟弟赵光义(史称宋太宗)说赵匡胤过于俭朴。赵匡胤严肃地说："你忘记了以前的艰苦生活了吗？"赵匡胤的皇宫里起初有

320个太监和宫女，后来遣走了50人。

赵匡胤倡导节俭从自身做起。

他的御轿已经修理过好几次了，且无装饰。

皇后问他："陛下既做天子，怎么不坐一个好的轿子，并用金银装饰一下呢？"

赵匡胤严肃地说："我以四海之富而富我，别说轿子，我管的金银就是装饰宫殿也用不完。但是，天下的子民若都用金银装饰，则不能装饰一个纽扣。国家之财是天下百姓之财，我不能随便用。天子要以有余奉天下，以后，你不要再说这种话了。"此后，赵匡胤还是照样乘坐那顶修补过无数次的轿子。

赵匡胤还要求子女生活节俭。开宝五年（972年），赵匡胤的三女儿永宁公主17岁，青春妙龄的她喜欢穿漂亮的衣服。赵匡胤就对她说："你生长在富贵之家，现在的地位和生活已经够优越了，你应当珍惜这种幸福生活，不能身在福中不知福。你怎么能带头铺张浪费呢？"永宁公主听了惭愧万分，忙跪拜称谢，保证从此再不奢侈了。果然，此后永宁公主的衣着打扮就朴素起来。赵匡胤看在眼里，心里很欣慰。

赵匡胤做了皇帝后，打了很多胜仗，却从未搞过一次大庆。从建隆元年到乾德和开宝年间，三次更改年号，从未搞过一次庆典。虽然当时的大宋朝国泰民安，社会和谐，赵匡胤却从未自诩过天下太平，他始终励精图治，开拓进取。赵匡胤以节俭为本的做法，对当时的社会产生了极大影响，整个社会形成了崇尚节俭的良好风气，当时的州县官去上任，大多穿着草鞋拄杖而行，骑驴已经算是奢侈的事情了。

《宋朝事实类苑》中说，北宋乾德二年（964年），北宋平定了后蜀之后，后蜀的亡国之君孟昶到了开封，进献给赵匡胤一个精美绝伦的尿壶，上面装饰着七彩珠宝，名贵无比。

赵匡胤看到这个精美的尿壶后，把它摔到地上，让侍卫把它砸碎，并声色俱厉地对孟昶说："一个尿壶竟然如此奢华，那你用什么东西来贮藏食物？你如此骄奢淫逸，怎能不亡国？"

赵匡胤对两旁的大臣说："人人都应记取这个教训，千万不要有奢靡的行为。"满朝文武深受教育。

当时江南的吴越王来开封朝拜赵匡胤，献上一条罕见的超级犀角腰带。赵匡胤婉言拒绝了，并说："朕已有三条宝带了，这条还是你留着用吧。"吴越王提出想看看这三条宝带，赵匡胤说："这三条宝带，一条是汴河，一条是惠民河，一条是五丈河。"

赵匡胤居安思危、崇尚节俭，奠定了大宋基业。北宋的前几个皇帝都很好地延续了赵匡胤俭朴的生活作风，尤其是和他一起打天下的弟弟赵光义，即位后仍然崇尚节俭。只是北宋后期的那些皇帝无法保持赵匡胤崇尚节俭的生活作风，尤其是宋徽宗时期，奢侈达到了极致，为了换取妓女李师师一笑，宋徽宗大兴土木，一掷千金。如此奢靡荒淫，亡国是必然的了。

## ◎故事感悟

　　赵匡胤恪守信条，不事铺张，崇尚节俭，同时以自己的言行砥砺部下和后代，倡导"勤政节俭"的思想，为宋朝初年创造了一个良好的环境，使经济得到了恢复和发展，其行为对今天仍然具有一定的积极意义。

## ◎史海撷英

### 陈桥兵变

959年，周世宗柴荣死，时任殿前都点检、归德军节度使的赵匡胤握有实权。960年春，镇州（今河北正定）和定州（今河北定县）报称北汉和辽国的军队联合南下，攻打后周，声势很大，请求派兵援助。后周王朝遂命赵匡胤率兵北上抗敌。2月3日，军队行至陈桥驿（今河南封丘东南陈桥镇）时，赵匡胤在赵普、石守信等策划下，发动兵变，授意士兵为他黄袍加身，反叛后周，改拥赵匡胤为皇帝。而后，赵率兵回师开封，后周恭帝禅位，赵接任帝位。赵即位后，改国号为宋，改元建隆元年，定都开封，史称"陈桥兵变"。赵匡胤也因为建立宋朝的缘故，被称为宋太祖。

◎文苑拾萃

日诗

（宋）赵匡胤

欲出未出光辣达，千山万山如火发。
须臾走向天上来，逐却残星赶却月。

句

（宋）赵匡胤

未离海底千山黑，
才到天中万国明。

# 王沂公回避迎来送往

◎君子忧道不忧贫。——孔丘《论语·卫灵公》

宋朝时，青州府的王沂公自幼好学，聪颖过人，待人诚恳。他十年苦读后，终于考中了进士，继而又被点中状元。

王沂公夺魁的消息很快传遍了京城内外，认识或不认识的人都纷纷前来祝贺。王沂公此时最思念的是故乡、是父母。不久，朝廷允许他回乡探亲。于是，他匆匆告别了汴京城，踏上返回故乡的旅途。

经过几天日夜兼程，他终于在一个阳光明媚的日子进入青州地界。王沂公正欣赏着家乡美景，忽然，一阵热闹的鼓乐声伴着清风传来。王沂公驻马观看，只见大路不远处的一个岔道口上，聚集着一群人，他们有的在吹吹打打，有的在燃放鞭炮，有的在摆桌倒茶……

"他们在干什么？"王沂公轻声问一个过路人。过路人说："客官，您不知道吗？青州府出了个状元，名叫王沂公。他们是知府大人派来的，在此等候迎接状元荣归故里。"

王沂公点了点头，一边感到高兴，一边又隐隐感到不安。他想：我寒窗苦读，是为了能为国为民做些事业。现在刚中了状元，贡献尚无，就惊动地方，实在不好。今日迎我，我若前去，必定会使地方更加兴师动众，惊扰乡里。这样铺张浪费，实在不可。

他打定主意，掉转马头，从小路前行。他边走边想，今后为官，务要注意节俭清廉。想到此处，他觉得自己穿朝服，跨大马，必然会被人认出来。一旦认出，实难遮掩。消息会不胫而走，到那时自己想回避铺张浪费的迎送

都困难了。于是，王沂公停下来，脱了官服，找了一头毛驴代替高头大马，然后又上路了。

进了青州城，王沂公径直去见知府。来到知府官邸，只见门里门外十分热闹，上下人都在忙碌。不用问，一猜便知他们是为迎接状元公在忙碌。他皱起眉头，叹了口气说："小小状元尚且如此，来了上司或朝廷官员，肯定更要铺张，此风断不可长。"

门人通报以后，知府大吃一惊，忙迎了出来。他望着便服装束的王沂公说："这是怎么回事？状元公怎么独自到了？听说您荣归故里，我已派人在路上恭候，现在怎么就您一个人啊？"

王沂公笑着说："晚生承蒙乡亲支持，皇上恩德，侥幸中了状元。既无功，又未为家乡出力，怎敢劳动各位，惊动乡亲呢！"

知府摇头说："话虽这样讲，但状元荣归，理当迎候庆祝。这是历来规矩，区区小事，您不必有什么顾虑和不安。"

王沂公也摇了摇头，说："大人的话，晚生不敢苟同。晚生以为，不必要的事，就不要去做，更不可虚夸，不能铺张浪费。谢谢大人的好心，但晚生实不敢当，也打心眼儿里不同意这样做。"说罢，王沂公便向知府告辞，回家拜见父母了。

◎故事感悟

王沂公不愿摆排场，反对奢侈浪费。在建设节约型社会中，要牢固树立"浪费也是腐败"的节约意识，形成"铺张浪费可耻，勤俭节约光荣"的良好氛围，使勤俭节约成为一种时尚、一种习惯、一种精神。

◎文苑拾萃

### 宋朝服饰

多姿多彩的唐没落了，取而代之的是宋。宋代政治上虽然开放民主，但由于程朱理学的思想禁锢和对外政策的妥协退让，服饰文化不再艳丽奢华，而是简洁质朴。宋代女装拘谨、保守，色彩淡雅恬静，襦衣、裙子的遮掩功能加强，一切的"张狂"霎时都收敛了许多。宋时不论尊贵的皇亲国戚，还是一般的百姓，都爱穿着直领、对襟的褙子，既舒适得体，又显得典雅大方。

# 金世宗崇尚节俭

◎侈而惰者贫，而力而俭者富。——韩非子《韩非子显学》

完颜雍（1123—1189年），女真族，本名乌禄，汉名原叫完颜褎，是金太祖完颜阿骨打的孙子。年号大定，庙号世宗，在历史上号称"小尧舜"。

金世宗是中国历史上有作为的帝王之一。在他统治时期，他极力崇尚节俭，并且身体力行。他从即位以来，穿的、用的，往往还是旧的；吃的也比较俭省，从不铺张摆阔。一次正在吃饭时，女儿来了，他竟没有多余的饭菜给女儿吃。

还有一次，太子詹事刘仲海向金世宗请示增加东宫的收入和陈设。他不同意，并且说："东宫收入已有规定，陈设也都有，为什么还要增加呢？太子生于富贵，容易养成奢侈的习惯，你们应当引导他崇尚俭朴。"

平时，金世宗主张节俭，反对铺张浪费。他对秘书监移刺子敬说："亡辽的日子，杀了三百头羊来庆贺，哪里用得了那么多，这是白白地伤生呀！也是很大的浪费呀！我虽然处在至尊的地位，每次吃饭，常常想到天下那么多的贫民还在忍饥挨饿，这种情景，仿佛就在面前一样。"大臣们认为皇帝不同于常人，可以豪华一些。他不以为然地说："天子也是人，浪费有什么必要？"当时，各地时常向朝廷进贡一些食品，他认为这样就是浪费，于是几次下诏罢止。

金世宗听说自己到各地住过的殿堂，都封闭起来不让别人住了。他认为这样做太无聊，就让臣下诏令，这些房子要开封，仍然可以住人。

他还经常教育太子、亲王，要他们注意节俭，并以自己所穿的衣服为例说："我的这件衣服已经穿了三年多了，至今未曾更换，现在还是好好的。你们应当记住我的话。"

## ◎故事感悟

金世宗在位三十年不尚奢华，崇尚节俭，对于一个封建帝王来说，实属不易。在提倡现代和谐社会的时期，我们也要厉行节俭，以身作则。

## ◎史海撷英

### 大定仁政

1164年，金世宗主动和宋朝议和。从此，金、宋双方休战了约三十年。为了与民休养生息，安定社会秩序，他颁发了免奴为良的诏令，提高人民的生产积极性。他还采取了重视农桑、奖励垦荒，进一步开弛禁地，实行增产者奖、减产者罚等一系列措施，发展了农业和畜牧业。对于遇有水旱灾害的地区，实行减免租税的办法，减轻人民负担，稳定生产情绪。他还注意兴修水利，鼓励民间发展手工业生产。从金世宗大定年间开始，金朝的经济得到了全面的恢复和发展。这时，金朝的统治达到了全盛时期。历史上，有人把这个时期称作"大定仁政"。

## ◎文苑拾萃

### 本朝乐曲

完颜雍

猗欤我祖，圣矣武元。诞膺明命，功光于天。拯溺救焚，深根蒂固。克开我后，传福万世。无何海陵，淫昏多罪。

反易天道，荼毒海内。自昔肇基，至于继体。积累之业，沦胥且坠。望戴所归，

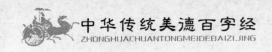

不谋同意。宗庙至重，人心难拒。

勉副乐推，肆予嗣绪。二十四年，兢业万几。亿兆庶姓，怀保安绥。家国闲暇，廓然无事。及眷上都，兴帝之第。

属兹来游，恻然予思。风物减耗，殆非初始。邑非昔时，朕无异视。瞻恋慨想，祖宗旧宇。属属音容，宛然如睹。

童嬉孺慕，历历其处。壮岁经行，恍然如故。旧年从游，依稀如昨。欢诚契阔，旦暮之若。于嗟阔别兮，云胡不乐。

# 徐悲鸿的住房情结

◎财有限，费用无穷，当量入为出。——颜之推

> 徐悲鸿(1895—1953年)，著名画家，美术教育家，江苏宜兴人。自幼随父徐达章学习诗文书画，1916年入上海复旦大学法文系，半工半读，并自修素描。1919年赴法国留学，1923年入巴黎国立美术学校，学习油画、素描，并游历西欧诸国，观摹、研究美术作品。1927年回国，先后任上海南国艺术学院美术系主任、中央大学艺术系教授、北京大学艺术学院院长。1933年起，先后在法国、比利时、意大利、英国、德国及苏联举办中国美术展览及个人画展。
>
> 抗日战争爆发后，在中国香港地区，新加坡、印度等国办义卖画展，宣传支援抗日。后重返中央大学艺术系任教。中华人民共和国建立后任中华全国美术工作者协会（今中国美术家协会）主席、中央美术学院院长等职。

徐悲鸿先生是杰出的画家。他在艺术创造上勤练笃学的精神，足为大家模范，而他的克己节俭也足以成为大家的风范。

徐悲鸿先生为国家创造过巨大的财富，也曾经无数次慷慨地帮助了许多人，但是他对自己永远严格和节俭。在临逝世之前，他身上穿的只是一套洗得褪了色的灰布中山装和一双从旧货摊上买来的旧皮鞋。一块用了三十多年的旧怀表，曾经日夜不停地伴随着他，度过了三十多年艰难的岁月，直到他停止了呼吸，这块怀表也才停止了转动。

1943年，徐悲鸿在重庆中央图书馆举办个人画展。这次画展卖出了一部分画，所得的画款很多。他照例是帮助一些穷朋友、穷学生购买书籍字画。许多人来伸手借钱，他都慷慨地赠予。他年轻时的痛苦遭遇使他永远同情处

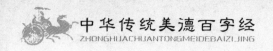

于困境中的人。

徐悲鸿先生长期过着艰苦的生活，他在中国美术学院工作时，吃着集体伙食，和大家一起包饭，吃的常常是发霉的"平价米"，喝的是田地里的水。他只有一间不大的卧室兼画室，室内有一张充当画案的写字台、一张木床、一个书柜、两把藤椅、而且这些家具还都是未曾油漆过的。他在冬天总是穿一件蓝布棉袍，夏天穿着夏布衫，从不穿绸料衣服。有时，有重要的社会活动要参加的，他才穿西服。

1946年，徐悲鸿和夫人来到北平，租住在东裱褙胡同22号的东西厢房里。房屋的主人住在北屋，他们有时邀人打麻将，打到深夜，夜阑人静之际，客人散去时，一片喧嚣，吵得徐悲鸿夫妇不能安眠。徐悲鸿夫妇想租一个比较安静的住处。

一天，北平艺专一位总务科的职员告诉徐悲鸿夫妇，说有一处很安静的住房出租，地址在东四牌楼附近。他已去看过，觉得很适合他们夫妇住。于是，他带领徐悲鸿夫妇一同去看房。像北京许多讲究的住宅一样，这座住宅有两扇朱红油漆的大门，大门两旁立着一对昂首的石狮子，显得很气派。房主人极愿意以较为低廉的房价出租，但是徐悲鸿先生回绝了。他的夫人惊讶地说："回绝了？这样好的房子你还觉得不行？"徐先生说："不是不好，是太好了，太富丽堂皇了。这不是我这样身份的人住的，我们应该有书生本色。"

后来，他们仍旧回到东裱褙胡同的房子里。直到这年年底，他们才租到小椿树胡同九号的一所普通的四合院房子，搬了进去。房屋陈旧，院子不大，院内仅有一棵小小的槐树，他们在这里住了将近一年。直到有一天院墙忽然倒塌，他们才另觅住处，搬到东受禄街16号。

东受禄的房子是徐悲鸿用卖画的钱买下来的。房屋并不十分宽大，但院内有宽阔的空地。院内杂草丛生，一片荒芜。搬进后，徐悲鸿夫妇自己动手，铲除了杂草，种上了许多果树，还种了许多蔬菜。那些鲜红的番茄、碧绿的黄瓜、紫红色的苋菜和紫苏，既点缀了他们的院子，又成了他们餐桌上的美味。徐悲鸿先生在工作之余，也常在院子里劳动，给那些果树苗和蔬菜浇水施肥。

## ◎故事感悟

一代名画家，可谓是名满天下、收入颇丰，但还是为住房精打细算。徐悲鸿自奉之俭，不贪求物质享受，是值得敬佩的。我们也该反省自己的浪费行为，明白"成由勤俭败由奢"的道理。

## ◎史海撷英

### 徐悲鸿的主流画派

徐悲鸿取法西方古典写实绘画，力倡用"写实主义"改造中国画，强调"尽精微，致辞广大"、"惟妙惟肖"、"直接师法造化"，特别是他的"素描是一切造型艺术的基础"论，在画史上产生了划时代的影响，宣布了从顾恺之到任伯年一千多年间勾红填色形式的大体结束和一代新形式国画的诞生。他的写实主张和从苏联引进的"社会主义现实主义"并为一体，成为20世纪我国最大的主流画派。

## ◎文苑拾萃

### 徐悲鸿的爱国精神

涂悲鸿先生刚刚去法国留学时，有一位外国同学瞧不起中国，涂悲鸿先生浪义正词严地对那个学生说："既然你瞧不起我的国家，那么好，从现在开始，我代表我的国家，你代表你的国家，我们等到毕业的时候再看。"此后，涂悲鸿先生发愤图强努力练习，钻研绘画，后来一画惊人，震惊了巴黎艺术界。从此，涂悲鸿先生踏上了一位爱国主义画家的旅程。

# 吴波厉行节俭

◎历览前贤国与家，成由勤俭破由奢。——李商隐
《咏史》

吴波（1906—2005年），1939年6月参加革命工作，1941年9月加入中国共产党。抗日战争时期任晋察冀干部大队参谋，第十八集团军野战政治部统战部、驻洛阳办事处秘书、晋察冀边区粮食局副局长等。新中国成立后，历任中央财政部办公厅主任、部党组副书记、中央财政部副部长、中国人民银行副行长、财政部部长、党组副书记，兼任国务院财贸党委副书记。1978年后历任财政部顾问，财政部部长、党组书记，财政部顾问、党组成员。

吴波同志，从1941年开始，就在陕甘宁边区财政厅任秘书主任。新中国成立后担任财政部办公厅主任、副部长、部长。他四十年一直做财政工作，始终保持勤劳节俭的本色。

几十年来，吴波的职务几经提升，当了部长，但是他仍住在50年代初住的一个小四合院里，门窗的油漆斑斑剥落，颜色已由红变成灰白，屋里墙壁已经17年没有粉刷。唐山地震以后，住屋的墙壁多处出现裂缝，机关和房管所要给他修理，他执意不肯，还诙谐地说："我研究过了，即使墙壁倒塌，也是往外倒，不会有危险。"他还说："我是财政部长，管钱的，现在国家经济有困难，许多人居住条件都很差。我的房子能住就行了，应当先给别人修。"吴老当了部长后，行政处的同志准备给他配备新的沙发、大办公桌、电扇等家具。他知道后，就找行政处的同志说："我家里的东西一切照旧，什么也不要给我。需要什么东西，我可以自己解决。你们要多关心下面的同志……"

行政处的同志觉得吴老家的沙发实在太不像样了，提出要修理，换个沙发套，也被拒绝了。很长时间，吴老家里的沙发套还是他爱人邸力同志（北京电影学院表演系副教授）自己买布缝制的。

当了部长，照例可配备"红旗"轿车，可是吴老不讲这一套。他说："车，只要能跑就行了。为什么职务一变，待遇也一定要变呢？"吴老用车一贯公私分明，从不坐公车逛公园、上百货商店。即使因公外出开会，如果路程比较短，他总是坚持步行，从不用车。他对家里人要求很严，从来不让家里人使用公家的车。有几次，邸力同志和吴波一起去八宝山参加追悼会，回来时，司机说："邸力同志到电影学院上班，路比较远，我们绕一绕道，送一下吧！"吴老却笑着说："不用了，她有月票，乘公共汽车很方便。"

三年困难时期，吴老把发给他的"供应卡"锁在柜子里，谁也不让动。秘书发现后，心疼地对吴老说："你夜以继日地工作，年纪又大，应该注意一点营养，否则你身体吃不消。"可是，吴老毫不在意地说："现在国家有困难，大家都有困难。作为领导干部，只有和大家同甘共苦，才不能脱离群众。"

1959年夏天，吴老到北京郊区卢沟桥公社一个大队参加劳动一个月，和社员过着完全一样的生活。社员都亲切地叫他"吴老头儿"，谁也不知道他担负的是什么职务。

## ◎故事感悟

一代老革命家，可谓是为国家的建设鞠躬尽瘁，但在生活方面，仍旧保持着节俭克己的作风。作为后辈的我们，应该向老前辈们学习这种厉行节俭的可贵精神，凡事能节俭的尽量节俭。

## ◎史海撷英

### 陈云的米棉之战

陈云同志在经济工作方面有着特殊的才干。新中国成立伊始，国家财政状况

极不稳定，陈云受命于危难之际，毅然承担起统率全国财政和经济工作的重任。

1949年底，陈云亲自指挥、部署的"米棉之战"，就是新中国在财经战线上取得的重大胜利。对于这次战斗的胜利，毛泽东主席曾给予了高度评价，赞扬它的意义"不下于淮海战役"。对于陈云同志的杰出表现，毛主席则借用诸葛亮在《前出师表》里夸奖将军向宠的词语"性行淑均，晓畅军事"来加以称赞。

俭·俭以成德

# 第三篇

## 勤俭持家

# 孙叔敖临终教子不忘节俭

◎父母德高，子女良教。——格言

孙叔敖（约公元前630—前593年），蒍氏，名敖，字孙叔，春秋时期楚国期思（今河南固始）人，楚国名臣。在海子湖边被楚庄王举用，公元前601年，出任楚国令尹（楚相），辅佐楚庄王施教导民，宽刑缓政，发展经济，政绩赫然。主持兴修了芍陂（今安丰塘），改善了农业生产条件，增强了国力。司马迁《史记·循吏列传》列其为第一人。

孙叔敖一向持家严格，勤俭为本，不许家人铺张浪费。由于长年劳累，他晚年染上了重病。

孙叔敖躺在病床上思前想后，最不放心的就是儿子孙安。他想，自己死后，楚王很可能会赐给孙安一份丰厚的产业，或者留孙安在大王身边做官。如果这样，孙安当然不用发愁衣食穿用，可这对他有什么好处呢？孙安自幼长在高官人家，生活方面已经比普通人优越了。如果再不靠自己的努力去养活自己，学会俭朴地过日子，他就会变得更懒惰，变得更奢侈。这样，自己做父亲的不是害了儿子吗？

孙叔敖想到这儿，忍着病痛坐起来，一笔一画地给楚王写了一份奏章。写好奏章，他把孙安叫到跟前，语重心长地对他说："孩子，父亲一生清苦朴素，廉洁为公，没有积蓄，不能给你留下什么遗产。我已经活不久了，我死后，楚王可能封你做官，或者赐你产业。我是了解你的，你没有治理国家的才能。我看，我死后，你就回老家种地务农吧。大王如果一定要给你产业，你就只收下一块地，但千万不要争什么好地，选一块没人要的地就可以了。记住，我一生俭朴，不求富贵，希望你也如此。"

孙安流着泪答应着。孙叔敖又将写好的奏章递给孙安，说："刚才嘱咐你的意思，我都写在奏章里了。我死后，你把奏章呈给楚王。"

几天后，孙叔敖病逝了。孙安遵照父亲遗嘱将奏章交给楚王。楚王读了奏章，深受感动。他要留孙安在自己身边做官，孙安坚持不肯。

孙安带着母亲回到老家种地为生。因为父亲没有遗产，逝世后又花去一笔丧葬费用，所以生活十分贫苦。但他牢记父亲的嘱托，俭朴持家，日子也还过得去。他买了一副扁担，开始打柴为生。

几年后，楚王听到了孙安和他害病的母亲的消息，心中十分难过，就派人送钱物给孙安，都被孙安谢绝了。

## ◎故事感悟

反对浪费，勤俭持家，是我们应该谨记的。孙叔敖不仅自己做到了，还要求自己的后代保持这种可贵的美德，真可谓是一代传一代。而处于当今社会的我们，也不能因为社会经济的进步而摒弃勤俭持家的美德。让美好的品德一代一代往下传。

## ◎史海撷英

### 孙叔敖纳谏

孙叔敖做了楚国的宰相，一国的官吏和许多百姓都来祝贺。有一个老人，穿着麻布制的丧衣，戴着白色的丧帽，最后来吊丧。孙叔敖整理好衣帽出来接见了他，对老人说："楚王不了解我没有才能，让我担任宰相这样的高官，人们都来祝贺，只有您来吊丧，莫不是有什么话要指教吧？"老人说："是有话说。当了大官，对人骄傲，百姓就要离开他；职位高，又大权独揽，国君就会厌恶他；俸禄优厚，却不满足，祸患就可能加到他身上。"孙叔敖向老人拜了两拜，说："我诚恳地接受您的指教，还想听听您其余的意见。"老人说："地位越高，态度越谦虚；官职越大，处事越小心谨慎；俸禄已很丰厚，就不应索取分外财物。您严格地遵守这三条，就能够把楚国治理好。"孙叔敖回答说："您说得非常对，我牢牢记住它们！"

## ◎文苑拾萃

### 期思陂

　　据《淮南子·人间训》记载，约公元前605年，孙叔敖在出任令尹前，"决期思之水，而灌云雩之野"，即带领当地人民兴建水利工程，灌溉农作物。这项水利工程，就是我国古代历史上著名的"期思陂"（《太平御览·地部》："楚相作期思陂，灌云雩之野。"）。期思陂（期思雩娄灌区）是中国最早的大型渠系水利工程，相当于现代新建的梅山灌区中干渠所灌地区。据记载他还曾主持修建芍陂（今安徽寿县安丰塘），在今湖北江陵一带也兴修过水利。

# 我们的家风绝不能改变

◎俭则足用，俭则寡求，俭则可以成家，俭则可以立
身。——《古今图书集成·家范典》

---

第五伦（生卒年不详），字伯鱼，东汉京兆长陵（今陕西咸阳东北）人，战国时期齐国田氏的后裔。西汉时，其祖父被徙之京兆长陵，后以迁徙次序为姓氏。第五伦早年曾当过乡啬夫和京兆尹的主簿，后来举孝廉，被光武帝刘秀先后任命为扶夷（今湖北武岗）县令、会稽郡（今江苏苏州）太守、蜀都太守。汉章帝刘炟即位后，第五伦被调入中央任司空，成为"三公"之一。

---

东汉时候，有一位地方官，复姓第五，名叫伦。

第五伦为官清廉，持家有方，以俭治家，远近闻名，人人爱戴。

他当太守时，有一年，朝廷发给他两千石俸禄。他领到俸禄后，看到百姓中有些人家生活艰难，于是留下自家食用外，其余的全部分赠给穷困百姓。

汉光武帝刘秀时，第五伦出任太守。到了汉章帝时，他又被皇帝封为司空。他做官时间很长，按说应该有很多积蓄，但实际上并没有。他把大部分钱财都用于救济别人了。他对家人要求极严，不许子女穿绸衣，就连他的妻子司空夫人平时也只穿粗布衣裙。别的有钱人家妻妾奴仆成群，第五伦家却粗茶淡饭，家中仅有一两个干重活的仆人，其他洗菜、做饭、缝纫等家务，都由他妻子一人承担。

有一次，第五伦的一个远亲从外地来到他家。远亲心想，第五伦长年做官，官位显赫，家中一定是亭台楼阁，富丽堂皇。不料，走进第五伦家中一看，完全与他所想的相反，宅院狭小，摆设简单，许多家具已很破旧。他还

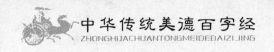
看到司空夫人忙里忙外，洗衣做饭，真让人难以相信……

吃饭时，那位远亲说："没听说过，大官的夫人还要下厨做饭！这不是和下等人一样了嘛！"

第五伦听了，不以为然地笑笑说："平常人家的妇人，不仅烧饭，还要干粗活，我们已经比别人强多了。持家要勤俭，否则若养成奢侈浪费的习惯，人就会变懒变馋。那样，家风就败坏了。家风不好，那才丢面子呢！我们的家风决不能变！"

那位远亲想了想，说："也许你说得是对的，不过，像你这样的大官少见啊！"

其实，第五伦在家中不但让妻子、儿女做家务，他自己一有闲暇也经常动手干些力气活。

有一天，第五伦的下属部门调来了一位新官。晚上，这位年轻的官员特意前来拜见上司。

年轻人走进第五伦家中看到一位衣着俭朴的妇人，说："请禀告你家主人，有客人来访。"

年轻人说罢，坐了下来，等待那妇人去禀报。

妇人听了年轻人的话，没有立刻离开屋子，而是上下打量了一下客人，然后和气地问："官人一定是新来的吧？"说着，他倒来一杯茶，放在桌上，然后坐在年轻人的对面。

年轻官员见眼前妇人不去禀报，却坐在自己身旁，心中十分不悦。他瞪了妇人一眼，重复说："你回去禀报你家主人，说有客人来。"

妇人刚要说话，恰巧第五伦的小儿子跑了进来，喊道："娘，来客人了？"

这时，年轻官员才明白，这妇人就是第五伦的夫人。

◎故事感悟

想必那位年轻的官员一定是尴尬无比了。他没有想到的是第五伦的妻子竟然如此之节俭。勤俭，才能治家。第五伦官位显赫，还能不改节俭之风，亲自干活，妻子下厨做饭，堪称官员的楷模。

◎史海撷英

## 耿介义气

第五伦少年时耿介而好义气。王莽末年，盗贼四起，宗族乡亲争着依附第五伦。第五伦于是在险要之处修筑堡垒，农民军来后，他便率众引弓持矛坚守自卫。先后有铜马、赤眉的军兵数十部围攻他们，都无法攻克。第五伦开始以营垒首领去见郡长官鲜于褒，鲜于褒见到他后，很欣赏他的才干，征为自己的属吏。后来鲜于褒因过失降职为高唐县令，临行时，握着第五伦的手告别说："只恨与你相知太晚。"

◎文苑拾萃

## 第五伦一心奉公

第五伦一心奉公，尽守节操，深受百姓爱戴。明帝永平五年（62年），他在会稽郡任内因事受牵连，被证召入京。郡民不分老少，纷纷上路阻留，沿途攀拦车子，扣住马缰慢行，一天仅能行走数里。第五伦无法，只好假装止歇亭舍，暗中改从水路乘船离去。众人闻知，又纷纷追赶上来。到京师洛阳，第五伦前往中央司法部廷尉等候处理，官员、百姓有千余人上告，并守候在宫廷之外为其喊冤。明帝到廷尉省视犯人罪状记录，方知第五伦确实蒙冤，遂将其释放。

# 梁鸿与孟光勤俭致富

◎一粥一饭，当思来处不易；半丝半缕，恒念物力维
艰。——朱子《治家格言》

> 梁鸿(生卒年不详)，字伯鸾，扶风平陵(今陕西咸阳市西北)人，东汉诗人。王
> 莽专权时期，梁鸿年幼就随父亲寓居北地(在今甘肃庆阳西北)。东汉初，曾入太学校
> 学知识。学成之后，在上林苑的周边以打猎为生。回到平陵之后，娶富女孟光为妻。
> 后共入灞陵山中隐居，耕织为业。

东汉时期吴国有位靠白手起家成为富户，后又成为东汉很有学问的人，他的名字叫梁鸿。

梁鸿很小时，父亲就去世了，家里很贫穷。虽然家境贫寒，各方面条件都很差，但他却酷爱读书，凡读过的书都能通其词、解其意。一天晚上，他在柴火旁就火专心攻读，因火星蔓延引起火灾，将邻居家的一间房屋给烧着了，因没钱赔偿，只有把几头猪赔给人家。可是人家不答应，梁鸿主动赔身去帮人家干活。

梁鸿赔身后，每天从早到晚一刻不停地干活，晚上仍刻苦读书。这样，白天给人家做工，晚上读书，长年累月，从不间断。这家主人见梁鸿终日勤劳，有毅力，做事又一丝不苟，日后一定有出息，于是告诉他说可以马上脱身了，而且答应把赔的猪也退给他。梁鸿坚持不要猪，只身回家了。

同县有个叫孟光的女子，家里比较富有，长得丑陋，可性格贤惠。家里给她说过许多婆家，都不中意，她决意要嫁给像梁鸿那样的男子。梁鸿感遇

知己，完全不顾及孟光外貌的丑陋，欣然登门求婚，结果情投意合。但是，孟光嫁到梁鸿家的第一天，梁鸿却突然对孟光冷淡起来，他成天闷闷不乐，硬是七天没有搭理孟光。到了第八天，孟光实在不明白是什么原因，便来到梁鸿面前，询问自己犯了什么过失。梁鸿又冷淡又伤心地说："我原来以为找到你，就遇到了知己，从此以后，我们两人志同道合，深居简出，勤俭持家，一心为事业而努力。而今却想不到你满身绣衣丽服，油头粉面，整天食鱼餐肉，竟是个爱打扮、奢侈、轻飘的女子。这难道是我所期望的吗？"孟光听了反而心里踏实了。她笑着说："我的这身打扮和整天桌上的鱼肉，都是特意为了考察你的志向的。"说完，孟光解开了系扎的发髻，换上了布衣麻履，利利索索干起活来。梁鸿见了大喜，指着孟光说："这才真正是我梁鸿希望的妻子！"

梁鸿和孟光成家后，夫妻恩爱，志同道合，男耕女织，不忘学业。孟光还把娘家陪送的嫁妆、首饰都卖掉了，换了钱，买了田地和织布用具。他们在吴国时寄居在一户人家的堂屋下。白天，梁鸿下地干活，辛勤耕作，有时还抽空去帮人家舂米挣钱；孟光在家洗衣做饭、织布，把里里外外安顿得井井有条，不让丈夫为家务事分半点心。晚上，梁鸿用过饭便埋头在堂屋的油灯下，专心著书，苦苦攻读；孟光则织布到深夜。他们粗茶淡饭，勤劳节俭，打下的粮食一粒粒地都收回家里，织成的布一匹匹地换成钱。不到三年的时间，梁鸿和孟光就有了自己的房子，又扩大了许多田产，由原来的一贫如洗，变成了富户人家。

梁鸿最终又成为东汉时期一个很有学问的人，孟光则被后人称赞为一位很有德操的妇女典范。

## ◎故事感悟

所谓"齐家治国平天下"，家庭是基础，只有每个人都勤俭治家，社会才能积蓄更多财富。不能齐家的人，何以治国、平天下呢？

◎史海撷英

## 举案齐眉

据《后汉书·梁鸿传》载，梁鸿和孟光婚后，隐居在灞陵（今陕西长安县东）的深山里，后来，迁居吴地（今江苏苏州）。两人共同劳动，互助互爱，彼此又极有礼貌，真所谓相敬如宾。据说，梁鸿每天劳动完毕，回到家里，孟光总是把饭和菜都准备好，摆在托盘里，双手捧着，举得齐自己的眉毛那样高，恭恭敬敬地送到梁鸿面前去，梁鸿也就高高兴兴地接过来。于是两人就愉快地吃起来。这也是成语"举案齐眉"的来历。

◎文苑拾萃

## 梁鸿的《五噫歌》

梁鸿诗今存三首，俱载《后汉书》本传。《五噫歌》仅五句，每句后有一"噫"字感叹，为楚歌变体，写登北芒山望京城宫殿豪华，感慨"人之劬劳兮，噫！辽辽未央兮，噫！"讽刺章帝劳民伤财，患害不尽，表现出对国家人民的深切关心和忧伤，是一首大胆批判现实的优秀作品。诗歌通过宫室崔嵬的帝京与劬劳未央的人民的鲜明对比，直接对帝王提出指斥。诗中浪特别地连用五个感叹词"噫"句，表现了强烈的愤慨。

# 保持勤俭持家的家风

◎奢未及侈，俭而不陋。——张衡《西京赋》

范仲淹（989—1052年），字希文，原名朱说。北宋政治家、文学家、军事家，谥号"文正"。祖籍陕西郴州（今陕西省咸阳市郴县），生于苏州吴县（今江苏省苏州市）。真宗大中祥符八年（1015年）进士，恢复范姓，后官至参知政事（副宰相）。

范仲淹小时候家境非常贫苦，他常常自己煮些粥，等它凝成冻子以后，用刀划成四块，早上吃两块，晚上吃两块，这就是一天的主食。

范仲淹十多岁才上学，他读书很专心。后来他到应天府南都学舍求学，同窗好友看他生活很清苦，就从家里拿来许多奇餐佳肴。几天后，好友发现这些好吃的他一点也没动，就非常生气。他却说："我多年吃粥已经成了习惯，如果骤然吃起这么好的美味佳肴来，恐怕以后就再也不想喝粥了。"

就这样，范仲淹历经艰苦，刻苦学习，最后官至参知政事（相当于副宰相），但他生活中始终保持勤俭的作风。

到了晚年，范仲淹官场不得志，又和当时的隐士林逋有来往，当时人猜测他似有退隐之意。不少人劝他二儿子范纯仁应该给他老人家安排一个栖身之地。纯仁就找到弟弟纯礼，商量要在河南府（今河南洛阳）给父亲建造一处宅第和花园，一来可以作为父亲安度晚年之所，二来也算做儿子的一片孝心。

范仲淹听了摇着头说："不成！不成！"

纯礼说："爹爹，河南府建了那么多宅第，我们怎么就不能营建呢？"

范仲淹语重心长地说："孩子，一个人假若有了道义上的快乐，即使是赤身露体地躺在漫天野地里，心里也是高兴的。何况我还有房子住！我早就说过，士当先天下之忧而忧，后天下之乐而乐。我怎么能无忧无虑地一个人去享清福呢！我现在担忧的是那些身居高位的人，担忧自己退下来以后没有好的居住条件而不愿从高位上退下来。关于建造宅第的事，你们永远不要再提了。"

范仲淹一生俭朴，虽官居高位，也还是节衣缩食，清淡简约，而且从小对子女们要求也非常严格。

一个中秋的晚上，晴朗的天空，悬挂着一轮皎洁的明月。范仲淹家的院子里，月光像水银一样铺洒一地。房前的竹丛旁边，放着一张竹茶几。茶几上面供着一炉香，摆列着几碟瓜果和月饼。

这时，小儿子纯粹仰着小脸问："爹，今天过节，咱们家怎么不吃好的呀？"

纯仁对弟弟小声说："弟弟，爹爹有规矩，咱家不来重要客人，是不吃好的呀？"范仲淹看着刚满五周岁的小儿子范纯粹，感慨地说："哎，我小时候，你们的奶奶领着我逃难到了山东。后来上学，因为家里穷，每天只能吃两顿稀粥。刚开始做官的年月里，我的俸禄少，尽管我和你们的母亲省吃俭用，也没让你奶奶吃过什么好东西。后来我的俸禄多了，你们的奶奶又离开了人世。你们的奶奶真是苦了一辈子呀！"说到这里，范仲淹的心里很难过。他看着孩子们，除了纯粹仰着小脸听父亲说话，纯仁、纯礼都低着头，显出十分悲痛的样子。

"可是，你们兄弟几个，从小就没有吃过苦。现在我最担心的是你们会不会丢掉咱范家勤俭的家风。"

到了纯仁娶妻时，纯仁心想：结婚是人生中的大事，绝不能办得无声无息的。况且父亲又是个大官，不知有多少人要来贺喜呢。于是，他把打算购买的许多贵重物品列了一张清单，请求父亲批准。

范仲淹拿着清单，越看眉头皱得越紧。他摇了摇头，生气地对儿子说："太过分了！哪能为婚事这么浪费？你这个清单，我得划去多半！"纯仁听了，就像被兜头泼了一盆冷水，心里非常不高兴。

范仲淹走到儿子身边，拍着他的肩膀，语重心长地说："孩子呀，不是爹舍不得为你花钱。如果你过惯了荣华富贵的日子，就吃不了一点儿苦了……"

经过爹爹的教诲，纯仁终于冷静下来，让爹爹为他修改了清单，比较俭朴地办了婚事。

纯仁结婚后，媳妇以罗绮为幔帐，范仲淹听了非常生气。他对儿子们说："我家向来清俭，用罗为幔，岂不是乱了我们的家法？如果你们敢这样做，我一定要在院子里把它烧掉。"纯仁和纯礼想起爹爹平时的教诲，急忙说："爹爹，请您不要担心，我们一定要保持住咱们的家风。"

"那很好，这样我死以后也就瞑目了。"纯仁、纯礼走了以后，范仲淹的心也平静下来。他为子女能保持勤俭的家风而感到欣慰。

## ◎故事感悟

朱子将"一粥一饭，当思来之不易；半丝半缕，恒念物力维艰"当做"齐家"的训言，范仲淹也有自己的家训。总的来说，都是以勤俭持家为主题。古人的这种优良作风我们要代代传承下去。

## ◎史海撷英

### 庆历新政

庆历三年（1043年），范仲淹、富弼、韩琦同时执政，欧阳修、蔡襄、王素、余靖同为谏官。宋仁宗责成他们在政治上有所更张以"兴致太平"。范仲淹与富弼提出明黜陟、抑侥幸、精贡举、择官长、均公田、厚农桑、修武备、减徭役、覃恩信、重命令等十项以整顿吏治为中心的改革主张。欧阳修等人也纷纷上疏言事。宋仁宗采纳了大部分意见，施行新政。但庆历五年初，范仲淹、韩琦、富弼、欧阳修等人相继被排斥出朝廷，各项改革也被废止。

◎文苑拾萃

## 不为良相，便为良医

传说范仲淹小的时候，有一次到算命先生那里去抽签占卜，问自己将来能否当宰相，结果抽出的签是"不能"。于是范仲淹再一次抽签，并祈祷说："不为良相，便为良医（如果当不了宰相，那就当一个好医生）。"结果抽出的签依旧是"不能"。范仲淹黯然叹息道："大丈夫立于天地间，却不能造福百姓，可悲啊！"

算命先生奇怪地问："刚才你还想要当宰相，怎么一下子就落到了要当医生呢？"范仲淹回答说："人生在世，唯有宰相和医生是最能造福百姓的。既然当不了宰相，那么身在民间而能造福苍生的最好选择，就是当一名医生。"算命先生感叹道："你有这份心，就能成为真正的宰相！"

# "千金"当厨的风波

◎克勤克俭，无怠无荒。——《乐府诗集·梁太庙乐舞辞》

陈省华（941—1006年），字善则。《宋史》说他首先是河朔人，曾祖翔为蜀新井令，后为阆州阆中人。陈省华的祖籍在北方，是今内蒙古自治区的河朔之地。陈省华的曾祖陈翔为唐末并门的书记官。

965年，宋灭后蜀，陈省华授官陇城主簿，又迁升至栎阳令。当他长子陈尧叟中状元后，太宗召陈省华入京为太子中允，迁殿中丞，为京东转运使，超拜祠部员外郎、知苏州，与长子同日受赐绯之荣。

北宋时期，朝中有个谏议大夫，叫陈省华。陈省华虽然官至高位，但始终不忘勤俭持家。他在家中立了一条不成文的规矩：凡是陈家的人，不管是婆婆还是媳妇，一律要下厨做饭，不得坐享其成。

这年，陈省华的大儿子陈尧叟中了状元，娶了当朝尚书马亮的千金小姐为妻。这位千金小姐是马尚书的掌上明珠，在家中过着衣来伸手、饭来张口的优裕生活。她想：陈家的人世代为官，家中一定也是锦衣玉食，呼婢使佣。但她过门后才发现，陈家不仅是粗茶淡饭，而且不能使用下人，还得自己侍候公婆，心中不禁生出不快。

新婚第二天，这位千金小姐按照家规和婆婆一起到厨房做饭。来到厨房后，这位从未下过厨房的千金小姐自然是什么也不会做，不是碰翻了水，就是弄撒了米。一顿饭做下来，"千金"心里陡升无名之火，但又碍着新公婆的脸面，不好发作。

回门之后，千金满脸委屈，怨气如山洪喷泻。她扑到母亲怀中，哭诉了在陈家受的"虐待"，要求父母到陈家讲理去。尚书夫人一听自己的掌上明珠到陈家亲自下厨做饭，不禁勃然大怒，气得在屋中大叫道："这也太不像话了，堂堂的尚书千金嫁到他陈家，还要下厨做饭，真是岂有此理？"说着她就要下人备车前往陈家，找陈省华评说。马尚书听说之后，心中也很不高兴，但他到底压住了自己的怒火，阻拦住自己的夫人，决意要见到陈省华时问个明白。

没过几天，马亮在上朝的路上正好碰到陈省华，立即问起女儿在陈家当厨的事情。陈省华笑着对亲家说："不会做饭，可以慢慢学嘛，时间长了就会习惯的。其实，她还没有真正当厨做饭，不过是帮助我的拙妻打打下手。如果连做饭这点事都觉得委屈，那每天还要婆婆做给她吃不成？"

尚书一听，陈省华的妻子也亲自下厨做饭，心中十分感动，于是沉思了片刻后，才对陈省华说："亲家，原来只听说您治家不仅节俭而且严格，但我万万没有想到您的夫人还要亲自下厨。既然如此，我那娇生惯养的小女，就要靠亲家多多调教了。"

从那以后，尚书的千金回到陈家，再也不以下厨做饭为羞事。她在婆婆的帮教下渐渐学会了做饭，也逐步适应了陈家节俭的生活。

后来，这件事传到了朝内，不少同僚对陈省华让妻子和儿媳亲自下厨的事大惑不解。一天，陈省华的一个同僚问他说："让妻子、儿媳亲自下厨，有这个必要吗？"

陈省华听后严肃地说："让妻子、儿媳下厨做饭，事情虽然不大，却可以培养家人节俭的习惯。我们做官的人，只有日思节俭，才能真正考虑到百姓的辛苦，为百姓做点好事啊！"

## ◎故事感悟

"千金当厨"的风波过去了，但是陈省华以节俭为本，不许家人奢侈懒惰。这种持家有道的做法，是值得我们去效仿和学习以及反省的。

◎史海撷英

## "水利世家"

　　陈省华在水利方面的成就被当时的人们所称道。如他到栎阳，即派人去壅塞，使水利均及；到苏州，就安抚因大水造成的流民数千家。当河决郓州时，又派他领州事负责堵缺口。

　　北宋是历史上黄河缺堤改道频繁的时期，形成几股河道入海。陈省华又临难受职。他率领军民苦战奋斗，终于使黄河回归旧道。太宗从治河中看出他有理财的本领，马上任命他做受黄河为害的京东路的转运使。

　　陈省华重经济、兴水利的思想作风，应该在陈氏"水利世家"上加一个"经济世家"的头衔。

◎文苑拾萃

## 一门四进士

　　陈省华、陈尧叟、陈尧佐、陈尧咨，俗称"一门四进士"。

　　陈省华历官太子中允、殿中丞、苏州、开封府尹、光禄寺卿、左谏议大夫等职。其长子陈尧叟，自幼同弟尧佐、尧咨就读于刘延庆寺，母冯氏牲严烧夜香伴予读书，端拱三年登甲科，历官光禄寺丞、直史馆、工部员外部、广南西路转运史、知枢密院事、工部侍郎、工部尚书、右仆射等。

　　次子陈尧佐，端拱三年与兄尧叟同科登进士第。历宫中牟尉、潮州通判、滑州知州、开封府尹、参知政事、同中书门下平章事、集贤殿大学士。

　　三子陈尧咨，咸平年间中进士，历官知制诰、右谏议大夫、龙图阁直学士、开封府尹、武宁军节度使。

# 董三泉勤俭持家

◎勤，锄头上的黄金；俭，米缸里的白银。——中国谚语

董三泉是明朝时期一位为人正直的官吏，先后做过县官、知府。为官期间，他总是勤于公务，想尽各种办法为百姓兴利除弊，做更多的好事。

董三泉在生活上十分注重节俭，他不仅自己生活起居一切从简，住的是普普通通的宅所，平日里吃的是粗茶淡饭；而且还非常注重治家勤俭。他家里的家具，不仅样式早已陈旧，而且表面油漆早已剥落，他妻子有心想劝说他治办更新家具，可董三泉却说："我们的生活比一般平民百姓高出不少了。这些家具如果是放在贫穷人家，还是好东西呢。人家能用，我们为什么不能用？"

董三泉要求子女也很严格。平日里他不许自己子女总穿绫罗绸缎，而要他们多穿粗布缝制的衣服。别的有钱人家的子女出门时，常常坐着华丽的车轿，花起钱来大手大脚，董三泉决不允许自己的子女这样做，一是他家里根本没有豪华的车轿，二是他根本不允许儿女动不动就以车代步。

有一年，董三泉被派往四川一个偏僻的地方做知府，那里离家遥远，条件很差。可过惯俭朴生活的董三泉对这些毫无惧色。他接到任命后，回家迅速作准备。临动身时，他的几个儿子恳切地对他说："父亲，您老年纪已经不小了。您不为家里着想，也该为您自己想想啊！您现在要去四川，四川据说出产好木材。你去那里后，是不是顺便买回些，这样也好为您老早早备下像样的棺木啊！"

董三泉听了先是不以为然，后来见几个儿子一再说，他才点点头答道："好吧！到时候我根据情况自己斟酌着办吧！"

他的几个儿子见父亲这回总算答应了这件事，个个心里十分高兴。可是，董三泉走后，一年过去了，他的家人没有得到他关于买木的消息；二年过去

了，董三泉给家人来信，依旧半个"木"字没有提；到了第三年、第四年，董三泉好像早把买木头的事情忘到了脑后，他与家人回回通信，回回没有提起买木头的事。他的大儿子见父亲总是不谈此事，终于有一天耐不住性子，在给父亲的信中再三催促父亲，并又把四川的木头夸耀了一番，让父亲务必抓紧机会。

几个月以后，董三泉给家里人回了信，这回他在信中倒是很主动地说起买木头的事，他在信中一再表示：四川的确有不少闻名的木料，他一定会想办法把四川的木头带回来。

可是，又过了些日子，他的几个儿子还是没有见到父亲买的木头。

又过了两年，朝廷又由四川把董三泉调回他的家乡做知府。这回他的几个儿子十分高兴，但同时又担忧：父亲这一回来，恐怕很难有机会再去四川了。可现如今父亲年事已高，父亲棺木的事还真得认真办呢。于是，他们又一次去信催问父亲买木头的事。

这年初冬的一天，董三泉从四川回到了家中。他的几个儿子一见父亲的面，几乎是异口同声地问："您答应我们买的木头呢？带回来了吗？"

董三泉望着儿子们焦急的神情，不紧不慢地说："带回来了，带回来了！我说一定带回来，就一定会带回来。"说完，他用手指着一个装得鼓鼓的大布包，继续说道："带回来了，它们全在这个包袱里呢！"

董三泉的几个儿子见父亲这样说，一时全弄蒙了。他们你望望我，我望望你，全都说不出话来。末了，他们的目光一齐落在了父亲手中的大布包上。

董三泉一边解着布包的结扣，一边语重心长地对他们的儿子说："孩子们，你们不是劝我一定要带回一些好木材吗？我的确没有忘记这件事。但是，你们想想，四川离我们家乡路途有多远。从那么远的地方把木料运回来，要花费多少钱财啊？我们怎么好这样铺张浪费，不注意节俭持家呢！"

董三泉说到这，打开了手中的包裹，然后从中取出一个小袋子，对儿子继续说道："四川的木材的确有不错的。我这次回来时，特意让人帮我找了一些优质树种。你们想，我们如果把这些树种种在家乡，再过二十年、三十年，它们就会长成参天大树。你们想，到那时候，不但我们家里不愁缺少好木材，咱全乡的百姓也会有好木材用了。你们说，这不比仅为我弄点木头要好得多吗？"

他的几个儿子见父亲这样说，都连连点头赞同。就这样，没过几年，董

三泉的家乡开始出现了大片大片碧绿的森林。董三泉节俭持家、厉行廉洁的美好品德也在家乡人民中越来越广泛地传颂。

## ◎故事感悟

董三泉买"木",既做到了节省,又起到了积累作用。一般来说,家庭生活要提倡俭朴,反对奢侈,要精打细算,减少浪费。能够修补的东西还是要修补,以求继续使用,能暂时不添的东西,就先放一放,使资金得到积累,过后再寻求较为节省的方式添办。

## ◎史海撷英

### 明成祖改革吏治

明太祖朱元璋时,由于废除了丞相制度,皇帝直接领导六部,事无巨细都要皇帝亲自处理,所以皇帝非常累。明成祖时期,完善了文官制度,在朝廷中逐渐形成了后来内阁制度的雏形。但内阁品级不高,一般要经过翰林院庶吉士锻炼,后来形成了"不是庶吉士不能进内阁"的潜规则。

## ◎文苑拾萃

### 养蚕词

（明）高启

东家西家罢来往,晴日深窗风雨响。

三眠蚕起食叶多,陌头桑树空枝柯。

新妇守箔女执筐,头发不梳一月忙。

三姑祭后今年好,满簇如云茧成早。

檐前蝶车急作丝,又是夏税相催时。

# 李用清的安贫乐道

◎居丰能俭，在富能贫。——《晋书·陆云疏》

李用清（1829—1898年），字澄斋，号菊圃，山西平定州乐平乡人，晚清名臣。

清末光绪年间，民间传有"天下俭一国俭"之谣，用来赞扬两位节俭的官员。"天下俭"者，为李用清；"一国俭"者，为李嘉乐。

单说李用清从小爱读书，经常手不释卷，且"逢大月则喜，小月则忧"，曰："吾少读一日书也。"他非常钦佩古先哲之俭朴，并立志效仿。同治四年（1865年），李用清中进士，改翰林院庶吉士，授编修、侍讲衔。后记名御史，特授广东惠州府知府，升贵州贵西兵备道、贵州布政使，署贵州巡抚。做官期间，李用清一直是注重节俭，反对奢侈，故史书中称他是"安贫厉节"。

同治十二年（1873年），李用清的父亲去世，他"徒步扶榇返葬"。光绪初，他丁忧起复入京时，"徒步三千余里，未雇一车骑"。及放外任之后，李用清更是严于律己。他在贵州布政使任上，时"库储六万，年余存十六万"，然而他却"俸入不以自润，于黔以购粟六千石"，以备不虞。他任官期间，不用幕僚，一切事务均亲手处理，就是署理巡抚事时，仍"日坐堂皇理事"。他对家眷要求也很严。他的夫人随他赴任，只住在大堂侧面的"小室"内。李用清在平日的饮食、穿戴方面十分节俭。一次，他夫人将临产，他用自家仆人，而不雇接生婆，既产之后，不幸身亡。仆人见状，甚怜之，遂赴市买了一口好棺材。李用清见到仆人买的棺材，认为过于豪奢，即令改换一口便宜

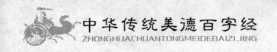

的。不久，其子亦死，仆人又买了一口小棺材，李用清叱之曰："安用是！"乃启夫人棺纳之。

李用清之节俭，连仆人亦觉奇怪。他并非贫困若此，以他从二品大员的俸禄及养廉，足够他享受一番。他之所以安于清贫，在于他时刻不忘读书时立下的志向，"虽居显要，不忘儒素"。光绪三年（1877年），"山西奇荒"，李用清奉命赴晋赈灾。他"骑一驴周历全境，无间寒暑，一仆荷装从。凡灾情轻重、食粮转输要道，悉纪之册"。后"晋父老言其办赈"，均认为"可谓难矣"。

虽然李用清对自己十分节俭，甚至让人感觉有些吝啬，但他对百姓，对举办的公益事业却很慷慨。诚如《清史稿》所云："用清严于自治，勇于奉公。"光绪十四年（1888年），郑州一带黄河决口，朝廷下令抢修，然所需经费甚巨。这时的李用清已因被人弹劾而辞官，当他听说黄河决口，心急如焚，遂捐银二万两，作为抢修之工需。对此，有人不解，认为"不在其位，不谋其政"。李用清的态度是："天下事须痛痒相关。吾起家三十年，习与性成，不能忘也。"

## ◎故事感悟

正是由于李用清能够安贫厉节，勇于奉公，因此获得了"天下俭"之美名。在清末那样一种吏治腐败的环境中，能够有李用清这样的安贫厉节之人，真是难得。

## ◎史海撷英

### 光绪被囚瀛台

光绪被囚于中南海瀛台，由慈禧的四名亲信太监监视着。他或者坐在露台，双手抱膝，愁思哀伤，或者睡在木床上苦思苦想。在太监的监视比较松懈时，他就偷偷地记日记。这样差不多整整两年。光绪二十七年（1901年），岁次辛丑，九月七日，清政府在北京与各国订立条约，共十二款，以赔款一项为最重，为不平等条约中最苛刻的。光绪二十八年（1902年）一月，离开了北京的光绪又被慈禧带回北京，仍然被囚禁在瀛台。光绪帝没有勇气冲破封建伦理思想的束缚，"天颜戚戚，常若不悦"，心境悲怆，终其一生是屈辱和哀怨的悲剧命运。

## ◎文苑拾萃

### 诗之四

（清）光绪

金井一叶坠，凄凉瑶殿旁。

残枝未零落，映日有辉光。

沟水空流恨，霓裳与断肠。

何如泽畔草，犹得宿鸳鸯。

# "节约姑娘" 韦钰

◎节约，不光是对自己的负责，更是对整个家庭和整个社会的负责！——格言

---

韦钰（1940—　　），广西桂林人。1965年南京工学院（现东南大学）电子工程系研究生毕业。1981年获西德亚琛工业大学工学博士学位，是第一位获得博歇尔奖章的中国人。她获八校名誉博士。1994年当选为中国工程院首批院士。1993—2003年曾任国家教委副主任、国家教育部副部长。现任东南大学学习科学研究中心名誉主任，中国电子学会副理事长，中国科协副主席、全国政协科教文体委员会副主任等职。

---

1981年6月16日，西德亚琛工业大学高频研究所电子学专家、权威云集，听取一位中国女学者进行博士论文答辩。论文内容讲的是"回旋管的大讯号理论"。专家权威们听了以后，对论文的水平，对这位女学者对答如流的表现，都给予了最高的评价，一致通过她以"优秀"的成绩获得博士学位。

她，就是南京工学院讲师韦钰，也是新中国第一位电子学女博士。由于韦钰的研究成果不但为西德在这方面开拓了新的研究领域，而且超过了美、苏在这方面当时的水平，亚琛工业大学为此特别给她颁发了巴歇尔奖章，她成了获得该奖章的第一位中国人。

韦钰原计划是到西德做一般的进修学习。在她完成了最初两项研究课题后，她的西德导师杜林教授发现这位中国女学者在电子器件研究有相当高的水平，便鼓励她将一般进修改为攻读博士学位，并主动为她申请到了著名的汉堡奖学金。

　　每月2100马克的汉堡奖学金是西德最高的科研奖学金。韦钰享用两年，已经为国家节省了一大笔外汇。国家规定，出国人员在国外获得的奖学金归获得者个人支配。这样，她的收入就一下子变成了原来的五六倍，大家都开玩笑地叫她"财主"。

　　根据西德的规定，这样的"财主"应该搬出收费低廉的学生宿舍，可以住进专为汉堡奖学金获得者提供的公寓，那里有现代化的全套家用设备，地点就在她工作的研究所附近，上下班十分方便。

　　但韦钰是个"富"而不奢的人，中华民族勤俭持家的美德在她身上始终牢牢保持着。搬进新居后，她心里一直不安。虽然自己能支配那么多钱了，但还要想到国家。韦钰想：我应该尽量保证学习条件，有多余的钱为学校购些仪器、器材，我不想为家里多买东西，这点我想家里定能谅解我的。

　　韦钰节约措施的第一条就是想法降低房金。她设法找到了一位印度女学者和她同住，这样房金就可节省一半。虽然如此，她还是觉得自己住得太好了。当那位印度女学者回国后，她找不到合适的人同住，又搬了两次家，房金一次比一次便宜。她最后住的是一座旧式楼房第六层的屋顶阁楼，那种老式房子没有电梯，没有暖气，没有浴室，德国人是不愿意住的。在那个阁楼上，她一直住到离开西德回国。因为她总是处处十分节省，外国朋友又给她起了个名字，叫她"节约姑娘"。

　　韦钰虽身处"财主"地位，却仍过着"节约姑娘"的生活。用这种方法她从获得的奖学金中节余出12000马克，买了微型计算机及附件，买了200多公斤研究资料，带回祖国献给南京工学院作科研教学之用。

## ◎故事感悟

　　韦钰是个"财主"。她的财，用在了国家建设上；她的财，省在了平日的朴素的好习惯里。韦钰节俭的作风是值得我们提倡的，而她节俭为国的精神更是可贵的！

◎史海撷英

### 开创电子领域新天地

韦钰博士在电子学领域工作了四十多年，做出了系统的和重要的贡献。特别是在发展中国生物电子学和建立分子电子学学科方面做出了开创性的工作，在电子学领域发表了三百多篇论文。她在中国高等教育改革和发展现代远程教育方面也做出了重要的贡献。

◎文苑拾萃

### 部长博客第一人

2005 年春节的一天，韦钰博士在东南大学的网站随意浏览，突然发现她的文章都在一个命名为"汉博园——韦钰的博客"里头了。她就这样被"逼上梁山"了。

于是，从第一篇"登陆声明"——《我已经在博客上了》，到接下来的一篇篇科学随笔，韦钰踏踏实实地敲入每一个字，认认真真地同那些对她的文章有同感或者见解迥异的网友进行交流、辩论。诚恳的态度加上前教育部副部长的履历，"中国部长博客第一人"的名号也就不胫而走了。

ZHONGHUACHUANTONGMEIDEBAIZIJING
中 华 传 统 美 德 百 字 经

俭·俭以成德

# 第四篇

## 俭以养廉

# 大臣的榜样力量

◎俭以养廉，誉洽乡党。——曾国藩

> 季文子（？—前568年），即季孙行父，春秋时鲁国正卿，谥曰文子。其父是鲁庄公同母弟季友的儿子季孙无佚。
>
> 季文子从公元前601年至前568年共在鲁国执国政33年，辅佐鲁宣公、鲁成公、鲁襄公三代君主。为稳定鲁国政局，曾驱逐公孙归父出境。他执掌着鲁国朝政和财富，大权在握，一心安定社稷，忠贞守节，克勤于邦，克俭于家。

春秋时期在鲁国，有一位很有政治才干的宰相叫季文子。

季文子治国有方，政绩显著，因而在鲁宣公、鲁成公、鲁襄公三朝均担任宰相，前后执政三十多年。他在鲁国从政的时间长、官位高，却十分注重俭朴律己。平日里，他最看不惯那些以炫耀财富为荣的贵族，尤其厌恶讲排场、搞浮华的风气。他家的住房极其简陋，平常饮食也总是粗茶淡饭。在衣着方面，他不仅自己很少穿丝绸衣服，就连他家的仆人，服装也比一般有钱人家的仆人俭朴许多。季文子对粮食非常爱惜，家里的马匹从不允许喂一粒粮食。

由于季文子厉行节俭，看不惯贵族社会一些奢侈腐化现象，因此那些铺张浪费、爱讲排场的人对他也很看不惯。

鲁国有个叫孟献之的大臣，他的儿子仲孙不懂得节俭。一次，他见季文子出入朝廷时常穿布衣，坐的马车也十分寒酸，就耻笑季文子说："大人做宰相这么多年了，出出入入连件像样的绸衣裳也没有。喂的马不许用粮食，只许吃草。大人每天坐着这样的瘦马拉的破车，难道不怕别人笑话大人过于小气吗？再说，大人生活这样小气，要是让别国人知道了，说不定还会以为我们鲁国不知穷成了什么样子了呢！"

季文子听了仲孙的话，心平气和地对他说："我以为仲孙先生没有真正懂得什么是光荣，什么是气派。我觉得，一个人身处恶劣环境，懂得节俭，这是不难办到的。但一个人身处高位，物质条件极其丰厚，还仍能注重节俭，就不那么容易了。因为一般人很容易为自己的贪欲所支配，但是，一个真正有道德修养的人却能克制贪欲，因为他懂得俭朴能使人向上，只有这样的人，才是真正有修养、有气派、令人钦佩的人。我想，一个国家的大臣如能厉行节俭、艰苦奋斗，上行下效，这个国家的百姓会很快形成一种节俭、奋斗的风气，这个国家也会越来越强大，抵御外来侵略的能力也会越来越强。仲孙先生怎么能说节俭是丢脸的事情，是会使国家衰败的事情呢？"

季文子一番有关节俭的话，语重心长，仲孙听罢，一时无言对答，只得红着脸走开了。后来，仲孙的父亲知道了此事，狠狠地批评了儿子一顿，并把他关在一间破屋子中，让他闭门思过。仲孙静下心来，反复思索季文子的话，终于明白了自己的错误所在。后来，他不但不再嘲讽季文子的节俭，自己也逐渐改掉了爱讲排场的毛病。

公元前568年，季文子因病逝世。由于他一生追求俭朴，他的家人为他入殓的时候，国君前往探视发现随葬品都是些案头、橱中破旧的东西，不禁问道："家中难道不舍得拿出些值钱的东西陪葬吗？"

季文子家人听罢，摇着头答道："家中实在没有一件金、玉等贵重物品。"

鲁君不解地又问道："为什么不购置些来呢？"

季文子的管家听罢，含着泪说："国君，我家主人一生节俭，从不多占国家一文钱，还常为国事而自解私囊，实际上他没有一点积蓄。您若不信，这里有账可查。"管家一边说，一边向国君奉上季文子家的账簿。

鲁君边看边感动地点头，随行的不少官员亲见此事，也大为震撼。此事传至百姓中，人们都异口同声地夸赞季文子品德高尚，季文子节俭的美名也越传越远。

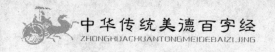

◎故事感悟

　　季文子一生厉行节俭，他并非没有条件过舒适的生活，而是把俭朴精神看做是人应具有的一种道德修养。更为可贵的是，他能将艰苦奋斗作为一种国家精神来提倡，把它作为国家走向强大的重要途径。这一见识实在是高出了许多人。这在封建社会的帝王将相阶层，厉行节俭、艰苦奋斗的确是难得的优秀品质。季文子的故事对于今天的人们来说，也有其重大的现实意义。

◎史海撷英

### 孔子有教无类

　　孔子30岁左右时，学问已经达到了比较成熟的地步，他要把自己的主张公之于世。于是，他开辟了一条私人讲学的道路，开创了历史上从未有过的私人讲学事业。

　　他所用的教材是选取以前已有的材料整理改编而成的，所以他说"述而不作"。他所教的科目包括礼、乐、射、御、书、数。教学的目的是为了培养德行，陶冶性情，以便担负起济世的重任。在教学方法上，他坚持"不愤不启"、"有教无类"的宗旨。因此，在此后的几十年中，一个对社会影响极大的儒家学派形成了。

◎文苑拾萃

### 季文子三思而后行

　　季文子即季孙行父，鲁成公、鲁襄公时任正卿，也就是行政执行官。这个人非常慎重，凡事都会思前想后，显得比较犹豫。孔子听说后就不以为然，说：其实正的反的想两次就可以作出决断了。

# 霍去病拒受豪宅

◎制俗以俭，其弊为奢。——王安石《风俗》

> 霍去病（公元前140—前117年），西汉名将，军事家。河东平阳（今山西临汾西南）人。汉代名将卫青的外甥。善骑射。元朔六年（公元前123年），霍去病被汉武帝任为票姚校尉，随卫青击匈奴于漠南（今蒙古高原大沙漠以南），以800人歼2000余人，受封冠军侯。元狩二年（公元前121年）任骠骑将军。于春、夏两次率兵出击占据河西（今河西走廊及湟水流域）地区的匈奴部，歼4万余人。同年秋，奉命迎接率众降汉的匈奴浑邪王，在部分降众变乱的紧急关头，率部驰入匈奴军中，斩杀变乱者，稳定了局势，浑邪王得以率4万余众归汉。四年夏，与卫青各率5万骑过大漠（今蒙古高原大沙漠）进击匈奴。霍去病击败左贤王部众后，乘胜追击，深入2000余里，歼7万余人。后升任大司马，与卫青同掌兵权。他用兵灵活，注重方略，不拘古法，勇猛果敢，每战皆胜，深得武帝信任。元狩六年（公元前117年）病卒。

霍去病是西汉时期战功赫赫的年轻将领。他出身贫寒，少年时期曾在贵族家中做过奴仆。后来，他的姨母卫子夫做了汉武帝的皇后，霍去病才进入朝廷做了侍中。虽然地位变了，但他仍然廉洁自俭，不像一些贵族子弟那样花天酒地、寻花问柳。

霍去病苦读兵书，每天习武，常常忘了宫中开饭的时间。每逢这时，他就找些剩饭吃，从不叫苦。汉武帝看到他如此俭朴刻苦，就对人说："霍去病是个栋梁之材啊！"

公元前123年，年仅18岁的霍去病率领800名骑兵初战匈奴，大获全胜，歼灭敌人千余名。消息传到长安，汉武帝十分高兴，破格赐封霍去病

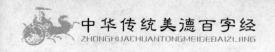
为冠军侯。

为了保卫国家，霍去病连年征战，立下了汗马功劳。汉武帝一再委以重任，最后提升他为大司马。霍去病虽然官位很高，但住宅非常一般，汉武帝为了奖励他，特意派人在长安为他修造一座豪华的住宅。

住宅修好后，汉武帝十分高兴。他特意带霍去病与他一起去参观这所新住宅。

他们来到宅院门前，负责营造宅院的大臣介绍说："一切都是按皇上的旨意修建的。主楼中有豪华舒适的寝室，有宽敞明亮的会客厅，有环境幽雅的书房。出了主楼，就是美如仙境的小花园。亭台楼阁，奇花异草，应有尽有。"

参观完了这座豪华的宅院，汉武帝兴致勃勃地说："大司马，你可知这宅第是为谁修的？"

霍去病心中虽猜到几分，但还是说："不知，皇上未曾告知下臣。"

汉武帝哈哈大笑起来，说："爱卿，现在我要告诉你：这所漂亮的宅院是专为你修造的！"霍去病听罢，脸上并未流露出什么喜悦。汉武帝有些奇怪，问："怎么，你不喜欢？"霍去病恳切地说："皇上，您对我的恩赐我心领了！但是，这所豪华的住宅我却不能接受。这是因为，我仅是暂时击退了敌人，尚未完全消灭敌人。既然大敌仍然存在，我怎能忘记国家大事，去追求个人安逸呢？"

汉武帝望着霍去病，心中百感交集，一时不知如何对答才好。

霍去病又一再拜谢皇恩。汉武帝终于被感动了，自言自语地说："好，好！国家多么需要像你这样的将领啊！"


◎故事感悟

身为朝廷重臣，能够首先想到国家，而不去追求个人安逸，无论任何时代，都是一种值得学习的楷模。

节俭的习惯可以养成廉洁的美德，霍去病的故事就是缩影。我们也该学习这种俭以养廉的作风，不断完善、修正自己。

◎史海撷英

## 六胜匈奴

元光六年（公元前129年），匈奴举兵南下直指上谷地区（今河北省怀来县）。汉武帝出兵四万，兵分四路，果断地任命了初出茅庐的卫青为车骑将军，同李广、公孙敖、公孙贺一起迎击匈奴。这次虽然是卫青的首次出征，但他骁勇善战，直捣龙城（匈奴人祭扫祖先的地方），杀敌七百后得胜而回。汉武帝见四路大军除卫青凯旋外非败即退，对他赏识有加，封他为关内侯。

元朔元年（公元前128年）秋，卫青率三万骑兵出击雁门郡（治善无，今山西右玉境），斩杀匈奴数千。次年春，领兵出征云中（今呼和浩特西南），围歼匈奴白羊王、楼烦王两部，俘虏匈奴数千、牛羊百万计，收复河套地区，卫青所部全甲而还（相当于零伤亡）。此战解决了匈奴人长期对京城长安的威胁。汉武帝随后在河朔地区移民屯田，建立朔方郡，为将来对匈奴作战打好了根据地。卫青因此被封为长平侯，加封三千八百户侯。

匈奴人不甘心失败，一心想夺回失地。为了先发制人，元朔五年（公元前124年）春，汉武帝命卫青率领骑兵3万出高阙。卫青部出塞急行军六七百里，趁黑夜突袭右贤王部，右贤王携爱妾独自逃跑，汉军俘获匈奴1.5万人、贵族10余人、牛羊数百万。汉武帝拜其为大将军，统领全部汉军，并加封八千七百户侯。卫青三个尚在襁褓中的儿子也被封侯，但被卫青婉拒，要求转而奖赏其部下。卫青部下因此共11人被封侯。

元朔六年（前123年）春、夏，两次率领10余万骑兵出击漠南伊稚斜单于大本营，歼敌过万人。但因部下苏建、赵信部3000人遭遇单于主力，全军覆没（赵信带800随从投降，苏建独身逃出），所部诸将都没有得到封赏。卫青的外甥霍去病此战自领800骑出击，俘虏匈奴单于的叔父和国相，斩敌2028人，其中包括单于的祖父。霍去病从此开始被汉武帝提拔重任。

中华传统美德百字经
ZHONGHUACHUANTONGMEIDEBAIZIJING

◎文苑拾萃

## 霍去病倒看北斗

传说，霍去病追击匈奴，过了燕支山、祁连山仍不肯罢休，继续率军西进，将士们问霍去病何时班师回长安，霍去病气势昂然地说："倒看北斗星。"

何时才能倒看北斗星呢？将士们私下窃窃议论。

一天傍晚，霍去病的军队住在一座荒凉的山上。山地无三尺平处，连安营下寨的地方都没有。霍去病就下令全军露天宿营。半夜，两个值勤的卫兵，望着蓝天上灿烂的星斗说："北斗星呀北斗星！何时才能倒转？"两个卫兵一边说一边拿着长矛来回巡逻。两人转到霍去病的床边不约而同地看看熟睡的霍去病，又看看天空明亮的北斗星，走到一起低语一阵，就又蹑手蹑脚向霍去病床前走去。两人立在霍去病床的两头，屏住呼吸把霍去病睡的床轻轻地抬起转了个方向，然后大声喊道："快看！快看呀！北斗星倒转了！北斗星倒转了！"他俩这一呐喊，许多士兵都被吵醒，醒来的士兵不辨真伪也跟着喊了起来。

霍去病正在梦中，突然听士兵纷纷乱喊："北斗星倒转了！"慌忙坐起，他睡意蒙眬中一看，北斗星的方向确实和睡前的相反，就下令班师回长安。

# 是仪一生节俭奉公

◎俭则寡欲，侈则多欲。——宋·司马光《训俭示康》

> 是仪（公元前170—前251年），最初是县吏，后避乱于东吴。孙权任其为骑都尉。跟随吕蒙袭击关羽。平定荆州后，任裨将军，封都亭侯。黄武年间，大破魏将曹休，迁偏将军，入朝省尚书事。外总平诸官，兼领辞讼，又奉命教诸公子书学。后辅导太子。蜀相诸葛亮卒，是仪出使蜀国，修固吴蜀联盟。后拜尚书仆射。是仪清廉忠直，为官数10年，未曾有过失。终年81岁。

在三国鼎立格局的时候，吴国有一个专管国家机要的骑都尉，名叫是仪，是一个文武并蓄、德才兼备的官员。

是仪原本姓"氏"。孔融曾说，"氏"字是"民"无上，不吉利，建议他改为姓"是"。于是，"氏仪"改为"是仪"。

是仪前后做官半个世纪，从县吏到公卿、封侯。但他从未置过任何产业，不接受额外赏赐和别人的馈赠，一辈子过着极为俭朴的生活。他布衣素食，从不追求精美华丽的服饰和味香色佳的菜肴，更谈不上拥有粉黛附珠之妾和珍宝玉器了。他把省吃俭用剩余的钱粮都接济了贫困的乡邻。

是仪廉于自身、固守清俭的行为，受到当地人的尊敬，大家交口称赞。人们一传十、十传百，不久传到了孙权那里。起初，孙权并不太相信。因为在东吴时期，原来南方的土著士族和北方南徙的世家大族争相掠夺土地和人口，攀比排场，使奢侈之风日益兴盛。有的人身居高官，不思政务，却挖空心思搜刮财物；有的士族甚至积谷万仓，妻妾成群，婢女盈房，用粮肉喂犬马。孙权想：是仪固然可能没有田产，但到底会不会像朝野上下所赞誉的那样俭朴呢？为了证实传闻，他决定去是仪家看个究竟。

这一天，孙权连个招呼都没打，就驾车专程来到了是仪家。只见是仪的屋舍简陋窄小，年久失修显得破旧，屋内光线昏暗，全然不像个朝廷重臣的宅第。过了一会儿，正巧是仪家开饭，孙权坚持要亲眼看看是仪家平时的饮食，结果他看到端上来的是粗米饭和简单的蔬菜，亲口尝一尝，味道很一般。孙权叹息不已，连声说道：“想不到你为官数十载，身为朝廷股肱，竟吃得这么差，住得这么寒酸，耳闻目睹，可敬可佩！”说罢，孙权吩咐增加是仪的俸禄，并额外赏赐给他田产和住宅。是仪执意不肯接受，一再辞谢道：“臣一生节俭，粗茶淡饮足矣。”孙权只得作罢。

从那以后，孙权对是仪倍加尊重。有一年，他外出巡视，又路过是仪家附近，忽见一幢壮观的新宅大院，外表修饰得富丽堂皇，在一片低矮的旧宅中十分引人注目，他问左右：“这是谁家的新宅，如此富丽？”侍从中有人根据方位随口答道：“好像是是仪家。”孙权连连摇头，说道：“是仪俭朴过人，堪称廉洁奉公的楷模，肯定不是他家营建的新房。”结果，一经查问，果然不是。

是仪一生勤勉、公不存私、清心寡欲的高风亮节一直保持到生命最后一息。临终前，他留下遗言：“死后只穿平常衣服入殓，薄棺素身，无须髹漆装饰，丧事杜绝奢华，一切务必从俭。”按照是仪的遗愿，子女亲友们从简办了丧事。是仪的美德也一代一代流传下来。

## ◎故事感悟

俭以养廉，俭以成德，这是从古代流传下来的传统美德。是仪在生活和工作中杜绝奢华，一切从俭。一个人一时节俭容易，一生都节俭就比较难。是仪一生都如此俭朴奉公，的确是常人难以做到的。这种节俭奉公的精神是值得敬佩的。

## ◎史海撷英

### 赤壁之战

赤壁之战是指三国形成时期，孙权、刘备联军于汉献帝建安十三年（208年）在长江赤壁（今湖北赤壁西北）一带大胜曹操军队，奠定三国鼎立基础的著名战役。战争日期在208年7月。是历史上以少胜多的著名战例之一。

## ◎文苑拾萃

### 三顾茅庐

刘备听谋士徐庶和司马徽说诸葛亮才学兼备，于是就和关羽、张飞带着礼物到隆中卧龙岗去请诸葛亮。恰巧诸葛亮那天出门在外，刘备失望地回去了。

不久，刘备又和关羽、张飞冒着大风雪第二次去请。没想到诸葛亮又出外闲游了。张飞是个急性子，本来他就不愿意再去，见诸葛亮不在家，就催着要回去。刘备只得留下一封信，说明自己的来意，然后就回去了。

虽然刘备回去了，可是他请诸葛亮的诚心并没有改变。为了表示自己的诚心他吃了三天素，准备再去请诸葛亮。关羽说诸葛亮也许是徒有虚名，未必有真才实学，不用去了。张飞很鲁莽地说："让我一个人去。如果他不来，就用绳子把他捆来。"刘备很生气地把张飞责备了一顿。

刘备第三次去的时候，诸葛亮正在睡觉。刘备不敢惊动他，一直站在那里直到诸葛亮醒来，才坐下来谈话，恳请他替国家做事，助他一臂之力。诸葛亮被他的诚心打动，答应了刘备的请求。

# 刘寔出污泥而不染

◎俭，能让人培养出另一种不可多得的美好气质。——格言

---

刘寔（220—310年），西晋重臣，字子真。今山东省齐河县人。汉济北惠王刘寿之后。他小时候家境贫苦，以卖牛衣为生。他喜好读书，经常手执牛衣，口诵文章。他博古通今，深有才学，又洁身自好，志向远大。他以计吏的身份入洛阳，后迁升为尚书郎、廷尉正以及吏部郎，参文帝相国军事，后封循阳子。

---

晋朝自建国以来，朝廷上下醉生梦死，追求享乐。晋武帝司马炎凡见有几分姿色的女子，便抓来带入宫中。当时的社会风气腐败到什么程度，便可想而知。皇帝如此，豪门巨富便上行下效。王恺和石崇比富，这在历史上是很有名的事。

就是在这种恶浊的世俗风气里，身居高官的刘寔，却一直保持着勤俭节约的本色。

刘寔年幼时家很贫穷，但他不怕艰苦，节衣缩食，到很远的地方去求师读书。每当寒风呼啸、大雪纷飞的时候，他总是拄着一根拐杖，途步行走去远方读书。后来当了高官，他尽力不要仆人侍候，总是自己担水、抱柴做饭。他的俸禄很高，但他大多拿来赡养亲戚朋友，自己没什么积蓄，连房子也没有，平时都住在临时的官舍中。石崇经常来巴结他，他总是敬而远之：送来的东西，他不要；请他宴饮，他谢绝。使得很想在朝中找一个政治靠山的石崇，无计可施。石崇与王恺斗富，刘寔与朋友说："这是斗丑，形同猢狲耍戏！"石崇常向刘寔夸耀自己宅第的华丽，刘寔却说，那是和厕所差不多的地方。

　　刘寔非常讨厌石崇，而一次皇帝却特意派遣他到石崇家去执行公务。刘寔几次推辞武帝都不同意，刘寔只得硬着头皮去了。石崇知道朝廷派遣刘寔来执行公务，心中暗暗高兴："这真是天赐良机！"吩咐下人精心准备迎接，他决心用钱帛美女软化刘寔。

　　刘寔一到，石崇叫自己最宠爱的美妾绿珠接待他。绿珠姿色艳丽，又喜吹笛，是有名的美女。绿珠卖弄万种风情，而刘寔对她正眼也不看一眼。石崇又为刘寔安排了最华丽的卧室，刘寔不住，而是自己选了一间比较俭朴的房舍住下，不准石崇添加任何摆设、装饰，不要女仆侍候。石崇的精心安排，一点也没有实现。对于饮食，石崇吸取了前面的教训，既不很排场，但内容却十分讲究，表面只请刘寔吃一般家宴，而所上的菜肴，山珍海味、玉液琼浆样样俱全。当请刘寔入席时，刘寔一再讲清，非平常饭食不吃，石崇满口应承。入席之后，石崇先上的确实是一般饭菜，但吃了一会儿，便逐渐把山珍海味端上来。过一会儿，玉液琼浆也端了出来，刘寔佯作不知，虚与应付。石崇误以为刘寔已经接受了，一会儿又把宠妾绿珠叫了来，吹笛劝酒，百般殷勤。刘寔渐渐看清了石崇的用心，便起身对石崇说道："下臣自幼贫寒，穿粗衣，食淡饭，饮粗茶，年久成习，至今无法改变。今日蒙石公盛情接待，因下臣吃不惯如此酒食，更不惯这种热闹场面，饮了杯酒，身体不适，请就此告辞。"他说完转身就走，给满席陪伴的门客、美妾和主人石崇搞了个好大没趣，只好怏怏散席。

　　此后，刘寔在石崇家住了两天。石崇再也不敢奢靡接待，处处按刘寔的要求从事。但石崇还不死心，挖空心思想办法让刘寔上钩。他想：美女，刘寔不受；佳宴，刘寔不吃；华丽的房间，他也不住。若赤裸裸地送上金银珠宝，那将会惹出大的麻烦。怎么办呢？石崇想来想去，便在厕所上打主意。刘寔不可能不上厕所，他家的厕所本来就很讲究，用红色的纱帐围饰，里面是织锦做了两层的坐垫，四周放着香囊，涂着花椒。他为了拉拢刘寔，又加上了新的花样：派了八个美女在厕所中侍候，两人手持香囊，两人手端净水，两人更衣，两人打扇。刘寔如厕，要更衣，要洗手，要打扇，看刘寔如何拒绝。

　　一天，刘寔和石崇在庭中共同处理朝中要处理的公务。一会儿刘寔提出要上厕所，石崇便令一个奴婢指行，向他事先安排好的地方走去。他暗想：这下何愁你不上钩？刘寔去了一会儿，便转了回来，笑着对石崇说："我误入你家的内室了。"

"不，那就是我家的厕所。"

"那是你家的厕所？下臣还从未见过，宫中圣上也无此讲究。不言宫中，乃至天下也要数石公为首。下臣贫寒出身的人，不惯这种讲究，请给我另导别处吧！"刘寔半讥半嘲地说。石崇一看此计又败，便急忙说："不瞒刘大人，家中都是这类厕所，别的无处寻求。"

"石公此处没有，那就请恕下臣自己去寻求了。"说完，他便上马离开了石崇家。石崇的一个精心妙计，又一下子付诸东流。

刘寔回到宫中，连夜便给武帝写下奏章。奏章说，现在天下奢华之风令人咋舌，争豪斗富，这不是兴盛景象，这是国家生病的表现。一方面是人民卖儿卖女，无立锥的地方；另一方面，是富豪奢靡以极，良田千里，宅第如云，视珠玉如粪土，视美酒佳肴如糟糠。长此下去，国家的存亡便不卜也可以知道了。可是，昏庸的晋武帝哪里听得进半句！但刘寔在这种腐恶的环境中，如梅傲雪，终不改自己节俭、勤朴的本色，成为当时"出污泥而不染"的少数高官之一。

## ◎故事感悟

　　刘寔是晋武帝司马炎的重臣，在朝中声望很高，官位显赫；而且当时晋朝豪门贵族中，奢侈成风，以挥霍为尚。可是位处高官的刘寔，俭素的品质一直保持不变，丝毫不受世俗的影响，真可以称之为"出污泥而不染"的高尚之人了。

## ◎史海撷英

### 著《崇让论》矫风正俗

　　景元四年（263年），钟会、邓艾伐蜀。却说钟会出师之时，有百官送出城外，旌旗蔽日，铠甲凝霜，人强马壮，威风凛然。有人问寔：“这两个人能够平定西蜀吗？”寔曰：“一定能打败西蜀啊，但是都不会回来了。”人们问原因，他却微笑着不回答。不久，蜀国被打败了，邓艾贪功，钟会谋反，都被诛杀了。人们都说他有先见之明。寔以世风颓败、为己趋进、不择手段、缺廉少逊，编著了一本《崇让论》以矫风正俗，指出，“推让之风息，争竞之心生”，应“以让贤举能为先务”。

## ◎文苑拾萃

### 石崇宴客

　　石崇每次邀请客人宴饮，总让美女劝酒。客人中如果有干不尽的，就把美女交给内侍杀掉。有一回，王丞相（王导）和王大将军（王敦）一起参加石崇的宴会，王丞相平时不能喝酒，这种情况下也只能勉强喝下，以至于都喝醉了。每次轮到王大将军时，他坚决不喝，以此观察事态的变化。石崇下令杀了三个美女，王大将军神色没有改变，依旧不肯喝酒。王丞相责备他，王大将军说道：“他自己杀自己家的人，与你有什么关系？”

# 斛律光的节俭清廉

◎节俭朴素，人之美德；奢侈华丽，人之大恶。——薛宣
《读书录》

斛律光（515—572年），字明月，北齐名将。朔州（今山西朔县）人，高车族（或称"丁零"、"敕勒"、"铁勒"）。出身将门，斛律金之子。初任都督，善骑射，当时号称"落雕都督"。后历任大将军、太傅、右丞相、左丞相等，封咸阳王。一女为齐孝昭帝太子高百年的妃子；一女为齐武成帝太子高纬的妃子，并在高纬即位后成为皇后。其家族在北齐尊贵无比。

斛律光身为大将军，但在生活上却始终注意节俭，反对铺张浪费。一些人劝他趁掌握要职时修建一所漂亮的宅第，他严词拒绝了。

斛律光不修建宅第，不购置地产，不买贵重物品，对于他的俭朴，家人都能理解。但斛律光穿的衣服不仅质地差，件数也少，他的夫人对此很有意见，叹着气对他说："你不购置衣服，出门穿着破旧，会被人耻笑。人家不仅仅笑话你，还要笑话我不会理财管家，不会照顾你！"

斛律光笑了，温和地说："你的心，我明白了。其实，我高兴了，你就不必伤心。现在这样，我已经十分满足了。人家说我寒酸，寒酸有什么不好？难道奢侈就好？"

夫人不说话了，她知道说也没用。

过了些日子，夫人自己做主为斛律光做了一套很时髦的新衣服。当她双手捧给丈夫时，斛律光却说："夫人，你还是不了解我呀！我是军人，要这种衣服干什么？衣服只要保暖遮羞，不破不脏就可以了。这衣服我不能穿！"

斛律光为人正直清廉，因此也遭到朝廷中一些贪官的嫉恨。

当时，朝中有一个叫祖珽的小人，品质低下，善弄权术，常常在齐帝高纬面前说斛律光的坏话。斛律光并不惧怕，大胆斥责祖珽。他说："祖珽弄权，我们的国家就会完了！"

祖珽对斛律光恨之入骨，决心害死他。他向齐帝诬告说："斛律光打了胜仗，是想争得名声，拉拢军队，日后好夺皇位。"

齐帝高纬听了祖珽的话，信以为真，下令逮捕斛律光，处斩，并抄没他的家产。祖珽心中暗暗高兴。他带领人马捉回斛律光并亲自监斩杀了他，随后派大臣邢祖信率兵去抄斛律光的家，并叮嘱说："要抄细，抄出万贯家产以证明斛律光的虚伪。"半天过后，邢祖信回来报告说抄家完毕。祖珽命他详细汇报抄到的东西。邢祖信望了望满朝文武大臣，说："斛律光将军全部值钱的家产如下：弓五十张，箭一百，刀七口，槊两支。"

祖珽听罢，脸上顿时没了血色。满朝文武哗然。祖珽还心存一线希望，恼怒地再问："除此之外，还抄到了什么？"

"还抄到了二十根枣树枝。"据斛律光家的仆人解释，斛律光生前不许仆人与外人打架，有打架者，用此枣树枝抽打一百下。

祖珽灰溜溜地逃走了。在场的正直官员无不为斛律光的节俭清廉和冤死而落泪……

## ◎故事感悟

斛律光一生兢兢业业，克勤克俭，我们为这位清正廉洁的大将军感动着，佩服着。我们也该向斛律光学习，以身作则，培养勤奋节俭的好习惯。

## ◎史海撷英

### 宜阳、汾北之战

武平二年（公元571年），斛律光率众筑平陇、卫壁、统戎等镇、戍13所。北周柱国抱罕公普屯威、柱国韦孝宽率步骑万余进攻平陇，与斛律光战于汾水之北，周军大败，被俘杀千余人。接着，北周又派其柱国纥干广略图攻宜阳，斛律光率步骑五万赴之，大战于城下，战败周军，夺取了北周的建安等四戍，俘获周军千余人，凯旋。

◎文苑拾萃

## 高纬杀斛律光自毁长城

斛津光是南北朝时期北齐的名将，平生为高家打过无数恶仗，又帮助高纬坐稳帝座。但他不贪权势、不懂交结高纬的宠臣穆提婆和祖珽。两个人于是同上谗言劝高纬杀掉他。高纬牲牲，不敢诛杀如此重臣。祖珽给他出主意："赏赐斛津光一匹马，说明天一起游猎东山，他一定来谢恩。"

斛津光来到凉风堂，高纬卫士刘桃枝从后击其后脑，斛津光不倒，回头说："你们常常干这样的事，但我到死也不干对不起国家和皇帝的事。"刘桃枝和三个大力士用弓弦勒在不做丝毫抵抗的斛津光脖子上，勒死了一代名将。

北周的周武帝听说斛津光死了，齐国自毁长城，高兴得全国大赦。

# 李沆的四合院

◎唯俭养德，唯移荡心。——《明通鉴》

李沆（947—1004年），字太初，洺州肥乡（今属河北）人。太宗太平兴国五年（980年）举进士甲科，为将作监丞、通判潭州，召直史馆。雍熙三年（986年），知制诰；四年，迁职方员外郎、翰林学士。淳化三年（992年），拜给事中、参知政事。出知河南府，俄迁礼部侍郎兼太子宾客。真宗咸平初，自户部侍郎、参知政事拜同中书门下平章事，监修国史。咸平初年改中书侍郎，又累加门下侍郎、尚书右仆射。景德元年卒，年五十八。谥文靖。《宋史》卷二八二有传。

宋真宗时的李沆，为人正直，庄重严谨，处事待人一丝不苟。

李沆官至中书侍郎，地位显赫，但位高不慕虚荣，一向俭朴自律，从不奢侈浪费。

早年，李沆为安顿家眷，打算在河南封丘界内修建一处住宅。由于他的中书侍郎身份，曾使很多人热心为他出谋划策，自愿为他献钱出力，无一不被李沆所拒绝。有位朋友对他说："你既然破土动工，就修一座豪华住宅，一劳永逸吧！"还有人劝他说："有人主动赠款赠物，人家愿意赠，你就收下又有何妨？"

李沆听到这些劝说，十分生气。他不客气地说："恕我直言，第一，我建什么房子，你们不必过问。为我这个人操心，实在不值得。第二，赠款赠物的，不管好心坏心，我都不收，一文钱一根线都不能收。好心的，我不需要；坏心的，也别来这一套拉关系。"他与管家多次悄悄商议，定下了建房计划。

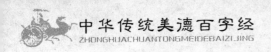

几个月后，新宅修建好了。关心李沆宅院的人，纷纷前来观看，挤得街前街后热闹非凡。

来观看和来祝贺的人都非常惊讶。原来，李沆修建的宅第门楼不高，和普通百姓的住宅毫无两样。人们议论纷纷，有的说他寒酸、小气，有的则说他故意摆样子。前来祝贺的知县摇了摇头，神秘地说："你们只知其一，不知其二。"

人们以为知县了解特大秘密，都问知县有何高见。知县伸出胳膊，指着新建的宅院，说："你们都只看到了院门院墙，没有进得院内，怎么可以仅仅根据门楼高矮大小来判断宅第的好坏呢？俗话说，财不外露，我看，这正是李沆大人的高明之处哩！"

知县的话，有人信，有人不信。只是他的话引起了人们更大的好奇心，个个伸着脖子，踮起脚尖，等候李大人打开大门，看个究竟。

李沆本不想张扬，但看到如此众多的亲朋前来祝贺观看，只好打开大门，请大家进了院子。

出现在大家面前的这所中书侍郎的宅院，根本没有亭台高阁、假山流水、奇花异草，只不过是一座极普通的、与老百姓住宅一模一样的四合院。

人们都说："李沆不愧是一位俭朴的大官。"

◎故事感悟

就实际条件来说，李沆要过豪华生活不是做不到，而是不为也。之所以"自奉若此"，坚持过清贫生活，他是深谋远虑，为子孙后代着想，是要给他们留下一个清白的家风啊！

◎史海撷英

### 澶渊之盟

宋真宗景德元年（1004年），辽宋交战，后双方于十二月初达成停战协议，宋廷方面由曹利用负责与萧太后谈判。盟约缔结后，第二年，宋朝派人去辽国贺萧太后生辰，宋真宗致书时"自称南朝，以契丹为北朝"，宋、辽之间百余年间不再有大规模的战事，礼尚往来，通使殷勤，双方互使共达三百八十次之多。辽朝边地发生饥荒，宋朝也会派人在边境赈济；宋真宗崩逝消息传来，辽圣宗"集蕃汉大臣举哀，后妃以下皆为沾涕"。因澶州又名澶渊，遂史称"澶渊之盟"。

## ◎文苑拾萃

### 李沆报忧

北宋与契丹订立了澶渊之盟后，实现了暂时的和平。在大家都松口气时，宰相李沆却更加忧劳了。他担心边患平息后，皇帝的奢侈之心会因此逐渐滋生。于是，李沆每天要择取一部分水旱灾情和盗贼的情况向宋真宗报告，以让皇帝常怀忧患之心，从而勤于政事，不敢懈怠。

对于李沆的做法，参知政事王旦深为不解。他认为，不应该让皇帝为这些小事担心。李沆却说："皇帝是年轻人，应当让他知道民间的疾苦。不然，他正值血气方刚，不在声色犬马上用心，就会对大兴土木、穷兵黩武、祭神拜佛感兴趣。"后来，李沆病重时又嘱咐王旦说："我老了，一旦我死后，请你在皇上耳边多加劝说，不然，你将来迟早会为此忧虑的。"可惜王旦没有像李沆那样劝谏宋真宗，结果正如李沆所担心的那样，宋真宗最终走上了封山祭神、大建宫观、讲经说道的歧途。从此，北宋国力日渐衰落。

# 范质戒奢

◎唯俭可以惜福，唯俭可以养廉。——钱泳《履园丛话·安安先生》

范质（911—964年），五代后周和北宋初大臣。字文素，大名宗城（今河北威县）范家营人。生于五代后梁乾化元年（911年），历经后梁、后唐、后晋、后汉、后周、北宋六朝。五朝为官，两朝为相。

宋太祖赵匡胤时，社会风气相当奢靡。赵匡胤掌权后，时时害怕手下大将发动兵乱谋反。他常用金钱、美女收买他们，想以此使那些曾经征战沙场的兵将们玩物丧志，安于享乐，可这一切却大大助长了社会本来就很严重的淫奢之风。

然而，就在宋初贵族们整日沉溺于花天酒地之时，朝廷中却出了一位以清廉自守的大臣，他"出污泥而不染"，一生保持着节俭清正的美德。这位大臣就是当朝宰相范质。

范质虽身居高官，却不慕荣华。他平生只有住宅一所，而且还相当简朴。他家中不仅没有奢华的陈设，就连他平时生活必需用品都非常俭朴。十几年来，他一直睡在一张非常粗糙的硬板木床上。家人吃饭、饮水时用的碗，也一律是粗瓷的。

一天，太祖见范质一连好几天也没来上朝，十分奇怪，向大臣们一打听，才知道范质生了病。赵匡胤叫上身边几位大臣，一同来到范质家中。

却说范质因受了风寒，高热不退，几日来一直病卧床榻，今日喝罢大夫新开的药后，似乎觉得身体舒服了一些。于是，他便唤仆人将他扶下床，想在地上走走。

范质刚下地走了半圈，忽听门外传来皇宫中侍卫的吆喝："皇上驾到！"

几日来，范质一直没上朝，正对朝中有些事不放心，此时忽听皇上驾到，心中不免有些紧张，于是忙唤家人帮他换衣服，准备迎接皇上。

就在这时，赵匡胤已和几位大臣走进了范质的居室。一位大臣一见范质忙告诉他："皇上不放心你的健康，今特到府上问候。"范质听罢，忙跪拜谢恩。

赵匡胤进入范质的居室，本该先问范宰相身体是否安康，可此时，他为范质居室中陈设的过于简陋惊呆了。他从前也听说过范质生活起居相当俭朴，但他怎么也没有想到范质作为自己手下一名高官，竟然俭朴到如此程度。他坐在居室正位，对室内一切反复环视了几遍，然后对范质说："丞相家中也过于简朴了。朕一向佩服丞相清正自守的美德，但身为国相，寒酸过头，这也太有失尊严了。不知贤相以为如何？"

赵匡胤正说着，范质府中仆人端上茶来。赵匡胤一看，这茶具完全是粗瓷的，不要说这杯盘上没有精美讲究的雕饰，就是瓷器本身，质地也显得过于粗糙，色泽过于灰暗。赵匡胤手捧茶杯，心想："范质也做得太过火了，平日你家里用用这些也罢，可如今是我亲驾到你府，你怎么也该给个面子，让我用这样的器具饮茶，岂不是对我太不尊重了吗？"想到这，赵匡胤将手中茶杯又看了看，皱着眉对范质说："丞相家中总用这等茶具待客吗？"

范质见太祖这样问，知道皇上是对自己的茶具粗糙有所不满，但他并没有把这事看重，更不觉得这就是对皇上的不敬，所以他语调平和地回道："陛下莫怪，臣下平时从不因公在家中会客，到臣下家的宾客，不是自家亲友，就是臣下贫贱时患难的朋友。臣下招待这样的人，自然不用备什么豪华讲究的器具。臣下认为，亲朋好友常能相聚，共叙友情，这已是很好了，何必讲究那些友情之外的东西呢？不知陛下以为臣的见解是否正确。"范质说着，向太祖投出询问的目光。

赵匡胤听了范质的话，虽说心里仍有几分不高兴，但一想，范质的一番话也无可挑剔，范质素日节俭，所交之友也往往是清廉之士，范质以此待他

们，倒也说得过去。想着，他也就不再挑剔茶具的粗糙，举杯呷了几口茶，问候了范质一番，然后起驾回宫去了。

回宫后，赵匡胤想起范质贫寒节俭的家室，心里总过意不去。他觉得，不管怎么说，范质平日对朝廷忠心耿耿，现在过这样的日子，太寒酸了。于是，他叫来两位内臣，让他们给范质送去一张考究的雕花床榻、两床舒适柔软的上等棉被，又外带了一套精美的茶具。

几个月以后，一次宋太祖又有事亲驾范质府上。然而，令赵匡胤惊奇的是：范质卧室中仍放着他原有的、粗糙不堪的硬木板床，床上的被褥也依旧是原有的，而且当范质家仆人为他捧上热茶时，赵匡胤发现所用茶具也依旧是原有的那套粗瓷的。

"我送的东西难道你没有收到吗？怎么还用这些？"赵匡胤一见此种情景，疑惑地问范质。范质道："陛下赐予臣下的东西，臣下早已收到，只是……"

"只是什么？"赵匡胤没等范质说完，抢白道，"丞相难道就甘愿过这样清苦的日子吗？你是丞相，能对自己所负责的事情尽职，这已是对朝廷尽忠了。何必一定要自己跟自己过不去，过这样穷酸的日子呢？"

范质听了宋太祖的话后，没有马上回答。他想了片刻，才非常郑重地对皇帝说道："陛下不能说臣已经尽职，陛下赐予臣许多贵重之物，臣感恩不尽，这就更应该为陛下治理天下尽心效力。可陛下恐有不知，现如今天下奢靡之风盛行，臣下没能尽力制止此风，这已是对陛下没有尽职。如果臣今日再带头受用陛下所赐贵重之物，生活奢侈铺排，天下人闻之，奢靡之风岂不愈演愈烈？那样，臣对朝廷，不要说有功，岂不成了有罪？臣下正因为思虑这些，才没敢享用陛下所赐之物，望陛下能体谅臣的一番用意。"

赵匡胤听了范质此番话后，内心大为震动。后来，范质因病去世后，宋太祖在与侍臣品评宰相人才时，非常感慨地说："范质确实是一个真正的宰相啊！"

◎故事感悟

作为封建社会一人之下、万人之上的宰相，范质鄙夷奢侈、以俭为乐、以素为荣的道德情操实在令人敬佩。更重要的是，他作为宰相想到的不光是自己俭素为美，而是怕由于自己的奢侈使来访的大小官吏一一效仿，带坏了朝野风气，故而自己坚持戒奢以俭，带好头、做出榜样。这样崇高的思想境界，在今天看来都是很值得赞誉的。

## ◎史海撷英

### 宋代的科举制度

宋代的科举，大体同唐代一样，有常科、制科和武举。相比之下，宋代常科的科目比唐代大为减少，其中进士科仍然最受重视，进士一等多数可官至宰相，所以宋人以进士科为宰相科。宋吕祖谦说："进士之科，往往皆为将相，皆极通显。"当时有焚香礼进士之语。进士科之外，其他科目总称诸科。宋代科举，在形式和内容上都进行了重大的改革。

## ◎文苑拾萃

### 烛影斧声

根据记载，开宝九年（976 年）十月十九日夜，赵匡胤病重，宋皇后派亲信王继恩召次子赵德芳进宫，以便安排后事。宋太祖二弟赵光义早已窥伺帝位，收买王继恩为心腹。当得知太祖病重后，他即与亲信程玄德在晋王府通宵等待消息。王继恩奉诏后并未去召太祖的次子赵德芳，而是直接去通知赵光义。光义立即进宫，入宫后不等通报迳自进入太祖的寝殿。王继恩回宫，宋皇后既问："德芳来耶？"王继恩却说："晋王至矣。"宋皇后见赵光义已到，大吃一惊，知道事有变故，而且已经无法挽回，只得以对皇帝称呼之一的"官家"称呼赵光义，乞求道："吾母子之命，皆托于官家。"赵光义答以："共保富贵，勿忧也！"史载，赵光义进入宋太祖寝殿后，"但遥见烛影下晋王时或离席"，以及"柱斧戳地"之声，赵匡胤随后去世。二十一日晨，赵光义就在灵柩前即位，改元太平兴国。

# 张俭不穿新皮袍

◎轻而多取，吾宁寡而俭用。——弘一大师《格言别录》

---

张俭（962—1053年），辽代宛平（今北京）人，兴宗朝的决策人物之一，被誉为"一代之宝"。他性格中正谨慎，不喜欢打扮自己。统和十四年，中进士第一名，被委派到云州做幕僚。开泰年间，多次担任同知枢密院事。太平五年，被任为武定军节度使，转到了大同。太平六年，提升为南院枢密使。1053年（辽兴宗重熙二十二年）去世，终年91岁。

---

在辽国统治时期，有一位宰相名叫张俭。张俭做了二十多年宰相，始终倡导俭朴精神，反对奢侈浪费。因辽国地处北方，冬季长而且冷，人人都有皮袍。皮袍做工及面料悬殊极大，一般百姓穿的羊皮袄根本配不起面料。达官贵人常以皮袄之多少与面料、手工的好劣来显示自己的身份和地位。人们在路上匆匆走过时，总要彼此打量一下对方的皮袍。不要说那些王公大臣了，就是一般小官吏，每人少说也有几套像样的皮袍子。在人们崇尚华丽高贵的装束时，张俭却总是穿着那件虽干净但却陈旧的皮袍。那皮袍，少说也有三十年了。

张俭常开玩笑地对亲朋说："我和我的全家都讲究节俭，连我的名字也沾着节俭的边。"张俭身为宰相，仅为自己准备了一件皮袍，一些有远见的人都说："宰相尚且穿着朴素，何况我们呢？"还有些讲求奢侈的人也稍稍收敛了一些。当然，也有少数人铺张浪费搜刮百姓已成恶习，不仅认识不到张俭所作所为的意义，而且非议他有钱不用，装穷，是为了笼络人心。

人们的议论渐渐传入了圣宗的耳朵。他从一位大臣那里打听到了张俭只有一件穿了几十年的旧皮袍后，感到很吃惊，说："如果张宰相的事果真如此，那确实令人佩服。不过，作为百官之首，俸银是不少的，怎么会连件好些的皮袍都做不起呢？真让人有些不敢相信。"圣宗把此事暗暗记在心中，总想寻找机会证实一下。

机会终于来了。有一天，张俭到宫中和圣宗谈论国事。当张俭谈兴正浓时，圣宗事先安排好的一位小太监手拿香火，悄悄在张俭的皮袍背上烫了一个洞。张俭聚精会神地讲话，竟毫无察觉。圣宗看在眼里，心中十分得意：难道他仅此一件皮袍？

第二年冬天又来了，圣宗并未忘记此事。在众大臣又都穿起皮袍上朝议事时，圣宗故意在大殿上走来走去，仿佛是在思考大家的发言。当他走到张俭背后时，故意放慢了脚步，仔细观看那皮袍。他终于看到了那个头一年烫的小洞。

圣宗十分感动，走到张俭面前，说："张俭，你日夜为国操劳，为什么连一件好些的皮袍都不肯做呢？"

张俭连忙答道："我身为群臣之首，理应俭朴，这才能扭转奢侈之风。"

圣宗想了想，又说："朕了解你，也赞同你的想法。只是一件皮袍的确少了些，再做一件好些的，换着穿。这样吧，朕特准你到库房里从贡品中挑选一批好些的衣料。"

张俭不好违抗君命，就到库中挑选。选来选去，足足花了一个时辰，好不容易挑选了一匹中意的皮袍面料。

张俭挟着选中的面料来到大殿，谢了圣恩，将面料放在自己的位子上。满朝文武，包括圣宗看到了他挑选的面料后，都惊讶得瞪大了眼睛。

原来，张俭挑选的竟是一匹粗布。

## ◎故事感悟

　　真不愧是高风亮节的好宰相！张俭的故事教导我们要崇尚节俭，厉行节约，要坚决反对奢侈浪费，一点一滴，从我做起。

中华传统美德百字经
ZHONGHUACHUANTONGMEIDEBAIZIJING

◎史海撷英

### 辽国概况

辽国是中国历史上以契丹族为主体建立的王朝，都城上京临潢府（今内蒙古巴林左旗南），其创建者为耶律阿保机（汉名亿）。辽国共历九帝，前后210年。其疆域东临北海、东海、黄海、渤海，西至金山（今阿尔泰山）、流沙（今新疆白龙堆沙漠），北至克鲁伦河、鄂尔昆河、色楞格河流域，东北迄外兴安岭南麓，南接山西北部、河北白沟河及今甘肃北界。

◎文苑拾萃

### 契丹族

契丹族源于东胡后裔鲜卑的柔然部。契丹，汉译亦作吉答、乞塔、乞答、吸给等，它以原意为镔铁的"契丹"一词作为民族称号，来象征契丹人顽强的意志和坚不可摧的民族精神。

历史文献最早记载契丹族开始于公元389年，柔然部战败于鲜卑拓跋氏的北魏。其中北柔然退到外兴安岭一带，成为蒙古人的祖先室韦。而南柔然避居今内蒙古的西拉木伦河以南、老哈河以北地区，以聚族分部的组织形式过着游牧和渔猎的氏族社会生活。此时八个部落的名称分别为悉万丹、何大何、伏弗郁、羽陵、匹吉、黎、土六于、日连。

在战事动荡的岁月中，各部走向联合，形成契丹民族，先后经过了大贺氏和遥辇氏两个部落联盟时代，臣服于漠北的突厥汗国。唐太宗贞观二年（628年），契丹部落联盟背弃突厥，归附唐朝。契丹与唐朝之间既有朝贡、入仕和贸易，也有战争和掳掠。907年，契丹建立了政权，成为中国北方一个强大势力。916年，契丹族首领耶律阿保机创建契丹国。947年，太宗耶律德光改国号为辽，辽成为中国北方统一的政权。契丹王国强盛，其疆域东自大海，西至流沙，南越长城，北绝大漠。1125年，辽为金所灭，此后契丹民族逐渐被融合。一部分仍称为鲜卑人，即现代的锡伯族。

# 海瑞拒换被褥

◎俭则约，约则百善俱兴；侈则肆，肆则百恶俱
纵。——金缨《格言联璧·持躬》

　　海瑞（1514—1587年）。海瑞字汝贤、国开，自号刚峰，后人称其为"海青天"，与宋代包拯齐名。明代著名政治家，著名清官。他自幼攻读诗书经传，博学多才，嘉靖二十八年（1550年）中举。初任福建南平教谕，后升浙江淳安和江西兴国知县。他为政清廉，洁身自爱。为人正直刚毅，职位低下时就敢于蔑视权贵。一生忠心耿耿，直言敢谏。海瑞一生清贫，抑制豪强，安抚穷困百姓，打击奸臣污吏，因而深得民众爱戴。他的生平事迹在民间广泛流传。

　　明朝著名清官海瑞，耿介忠贞，刚直不阿，不畏权贵，甚至上疏批评皇帝。他在生活上也十分俭朴，反对奢侈浪费。他常说："人应正直节俭。正直的人必会节俭，因为正直的人明事理。不节俭就很难正直，奢侈浪费与贪污腐化是很接近的。"

　　他对家人说："我的薪俸不高，家中人口又多，一定不可浪费。饭食清淡一些，不要经常买肉。"有一天，因为海瑞的母亲过生日，他家仆人才破例一次买了二斤肉。

　　作为县令，送礼行贿者大有人在。海瑞一概拒之门外，也严禁下属贪赃枉法。有些好心人见他日子过得节俭清贫，就时常送些蔬菜之类，海瑞发现后及时退回。他在衙门的空地上开垦了一片菜地，种上了新鲜蔬菜。

　　为了节省开支，他还让家人闲暇时都上山砍柴。

　　1569年，海瑞升任右金都御史、钦差总督粮道巡抚应天十府。这个职务

权力很大，地位显赫，按朝廷规定，每次出巡，前有鼓乐引导，后有护卫，左右有旌旗官牌，三班六役，前呼后拥，十分威风。海瑞看不惯这一套劳民伤财的制度，很想废除它。于是他下令，每次出巡，不再用鼓乐仪仗，也不许当地官员出城迎送。

过去，地方上的官吏常常利用上司巡视，搜刮民财，翻建住房，新建馆所。为了杜绝这种现象，海瑞通知沿途各县，不要改建、新建房屋，也不许添置设备，就连房中用品也不必更换，因陋就简，有住的地方就可以了。

不久，海瑞再次出巡，第一个县是他十分熟悉的地方。到了县界，果然没有人迎接，住进驿馆，一切也都如旧时一样，没有添置新设备。海瑞对此感到很高兴。

知县送海瑞来到驿馆的正厅。海瑞曾多次来过这里，他习惯地站在堂前打量一下全室，然后坐在椅子上休息。陪同的人也都一一入座。海瑞刚要让县令汇报情况。突然，他觉得椅子有些不对劲。他伸手摸了摸椅子坐垫，心里明白了。他站起身，走到卧室去看。一看，卧室里的被褥，还有那椅子的椅垫都换成了崭新的绸面。

海瑞很生气地质问知县："三令五申，你怎么明知故犯？我明明记得那旧的绸面并不破旧，为何更换？"

县令面带愧色，说："下官想……"

海瑞大声呵斥说："想让我住得舒服？想让我高兴？对不对？我不需要！我看到这些并不高兴！"

县令受到申斥，他并不委屈，只感到海瑞清廉刚正名不虚传。他忙说："我立即让人们换下，仍恢复原貌。下官一定记住大人的叮嘱。"

◎故事感悟

得以名垂青史的，正是那些一贫如洗，却以凛然的傲骨为百姓撑起一片青天的为官者。他们的品质在后世人们的心中也铸就了永恒的丰碑。

◎史海撷英

### 明朝法律之《大明律》

《大明律》是朱元璋亲自主持制定的明朝正式法典。从起草、修改到颁布，共历时三十余年。这也说明朱元璋十分重视国家法制建设。他不仅把个人的意志上升为全国的法律，而且使其定型化、永久化。明太祖命令子孙代代遵守，"群臣稍议更改，即坐以变乱祖制之罪"。《大明律》于是成为明代最重要的法典，也是我国封建社会后期具有代表性的律典。共30卷，7篇，460条。后世的法律学者评议说《大明律》比唐代的《永徽律》更为复杂，又新设许多篇目。虽说条数减少，而内容体裁非常精密，很有科学的律学的楷模。后来的《大清律》也都是大部分沿袭这部更定的《大明律》，是极端专制主义统治在立法上的体现。

◎文苑拾萃

### 海瑞罢官

明朝宰相涂阶告老还乡，其子涂瑛仗势霸占民田、气死赵玉山之子，又抢走赵的孙女小兰。小兰母洪氏赴县控告。县令王明友受贿，当堂打死赵玉山，轰出洪氏。海瑞正调任应天巡抚，得知冤情，复审此案。涂阶自恃有恩于海瑞，代子求情，提出交田赎罪。海瑞指明占田应退，犯法当诛。涂阶恼怒，唆使朝臣弹劾海瑞，新巡抚戴风翔亲来摘印。海瑞于交印前，斩了涂瑛及县令王明友。

# 天下廉吏第一

◎清官，不是光以正直为称，还要多节俭之风，才真
正成为"清官"。——格言

---

于成龙（1617—1684年），字北溟，号于山，清山西永宁（今吕梁离石）人。谥
"清端"、赠太子太保。于成龙明崇祯十二年（1639年）举副员，清顺治十八年（1661
年）出仕，历任知县、知州、知府、道员、按察使、布政使、巡抚和总督、加兵部尚
书、大学士等职。在二十余年的宦海生涯中，三次被举"卓异"，以卓著的政绩和廉
洁刻苦的一生，深得百姓爱戴和康熙帝赞誉。以"天下廉吏第一"蜚声朝野。

---

清朝康熙年间，有一位久居高位的封疆大吏，他以其政绩和廉洁声蜚朝
野。康熙皇帝褒奖他"清官第一"，百姓送给他一个外号，叫"于青菜"，以
示亲切和景仰。他就是两江（江南、江西）总督于成龙。

于成龙早年曾任过罗城（广西北部）县令。当时的罗城，经历了二十多年
的刀兵之乱，只剩六户居民，连县衙门都一片凄凉。县衙院内荒草丛生，中
堂仅有三间草房，内宅的茅屋内没有墙壁，破陋不堪，有时大白天竟有野兽
出没。这里的百姓根本无法生存，很多都沦为"盗贼"。面对这些困难，于成
龙没有退却，他用石块垒起"案几"，在堂前支锅做饭，夜里睡觉头枕刀枪，
就这样开始了整治边荒的工作。为制止械斗，劝民务农，恢复生产，他呕心
沥血，历尽艰辛。罗城人民十分恭敬他，亲热地称他"阿爷"。

远在边关，于成龙自奉菲薄，生活清苦。他离开山西老家赴任时，曾雇
了五名壮仆相随。不料，到了罗城，壮仆们忍受不了于成龙的艰苦生活，有
一人病死了，三个人逃走了。后来又雇了四人，结果还是死的死、逃的逃，

没有一个人肯跟随他。百姓们见他实心任事，却如此清苦，心中十分不忍，便凑了钱给他送去。他们跪在地上恳求于成龙收下："我们知道阿爷辛苦，请收下这点盐米钱吧。"成龙却说："我一个人在这里，要钱干什么？你们拿回去奉养父母，也就等于给我了。"后来，于成龙的儿子来罗城看望他，百姓听到这个消息，喜出望外。大家凑了不少金银，送给于成龙的儿子，让他带回家去。于成龙又婉言谢绝了，他说："我家离这六千多里，他一个人拿这么多钱，不是太吃力了吗？"百姓们个个感动得热泪盈眶。

俭朴为官，于成龙在朝廷也是出了名的。一次广西秋试，来广西的众官员个个美服盛饰，衣冠楚楚，还带着面貌清秀的随从。于成龙则与众不同，还是穿那件旧布长袍，只带了一个老家奴。众官员见了面，相互寒暄，对于成龙则有些看不起，有的"指目揶揄"。这时，广西巡抚走出来，他虽不认识于成龙，却似曾相识，指着这个敝衣垢褛的于成龙说："此人定是罗城县令！"原来他对于成龙的廉洁奉公早有耳闻，这次一见，一猜即中，一时弄得众官员面面相觑。

六十多岁时，于成龙被康熙派往福建，先后任按察使、布政使。他虽任两司长官，已是封疆大吏，但不改初衷，依旧口不言财，一尘不染。在他的内室，陈设十分简陋，除了破旧的案几，一个装朝服的竹筒，两个饭锅之外，其余全部都是他的文卷书册。

他任江南江西总督时，母亲故去，他回老家料理丧事，又返回江南住所。返回途中，他只雇了一辆骡车，带了几十文钱，沿途只住饭店不住公馆，也不惊动路过的地方官府，悄然无声地回到江宁。他做官多年，从不带家属随任，只到晚年，才带小儿子在身边照顾。

于成龙多年身居高位，自奉简陋，粗茶淡饭，人人皆知，加上他府中的《青菜图》，因此江南人送给他一个外号——"于青菜"。在他的影响下，江南民俗有很大改变。过去人们喜欢穿着艳丽，后来，竟都上行下效摒弃了绸缎，以穿布衣为荣。连士大夫家里都不再攀比奢华，自动减少了车马家奴，府邸不那么辉煌了，婚嫁也不再吹吹打打了。

于成龙死后，人们在他的遗物中只发现一袭绨袍和几罐盐豉。消息传出，江南百姓十分哀痛，店铺停业，家家户户挂起他的画像，进行祭奠。康熙皇帝得知他临终前的状况，十分感慨，赐予他封号——清端。

◎故事感悟

　　这种清苦克俭、廉洁奉公的作风，作为高级官员实在是难得的，不愧是"天下廉吏第一"的于成龙。我们在佩服的同时，也该向于前辈的这种精神看齐。

◎史海撷英

### 清朝的科举制度

　　中国科举制度是中国历史上考试选拔官员的一种基本制度。它源于汉朝，创始于隋朝，确立于唐朝，完备于宋朝，兴盛于明、清两朝，废除于清朝末年，历经隋、唐、宋、元、明、清六个朝代。根据史书记载，从隋朝大业元年（605年）的进士科算起到光绪三十一年（1905年）正式废除，整整绵延存在了1300年。

　　清人为了取得参加正式科举考试的资格，先要参加童试。参加童试的人称为儒童或童生，不分年龄大小，须经本县、本府（或本直隶州、厅）和学政的三级考试，录取"入学"后称为生员，又称为庠生，俗称秀才、相公。这是"功名"的起点。生员分为三种：成绩最好的是廪生，有一定名额，由公家发给粮食；其次是增生，也有一定名额，但增生不廪粮；新"入学"的称为附生。每年由学政考试，按成绩等第依次升降。

◎文苑拾萃

### 清代的官服

　　清代文武百官品服有朝冠、吉服冠、朝服、补服、蟒袍等。品秩差别主要看冠服顶子、蟒袍以及补服的纹饰。吉服冠与朝冠大体相同，冠后插有翎枝，其制六品以下用蓝翎，五品以上用花翎；百官蟒袍，一品至三品绣五爪九蟒，四品至六品绣四爪八蟒，七品至九品绣四爪五蟒；补服，自亲王以下皆有补服，其色石青，前后缀有补子，文禽武兽。贝子以上王亲用圆形补子，其余用方补。文官五品、武官四品以上，及科道、侍卫等职，均需是挂朝珠，朝珠共108颗，旁附小珠三串（一边一串，一边二串），名位"记念"。戴法男女有别，两串在左为男，两串在右为女。另有一串垂于背，名为"背云"。

ZHONGHUACHUANTONGMEIDEBAIZIJING

中华传统美德百字经

俭·俭以成德

# 第五篇

勤俭治国

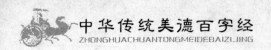

# 晏婴反"鬼神"谏勤俭

◎勤俭建国家，永久是真言。——朱德

> 晏婴（公元前578—前500年），字仲，谥平，习惯上多称平仲，又称晏子，夷维
> 人（今山东莱州）。春秋后期一位重要的政治家、思想家、外交家。晏婴是齐国上大
> 夫晏弱之子，以生活节俭，谦恭下士著称。据说晏婴身材不高，其貌不扬。齐灵公
> 二十六年（前556年）因父亲晏弱病死，晏婴继任为上大夫。

公元前522年，齐景公染上严重的皮肤病，继之又转为疟疾，一年之内
未能痊愈，前来探视慰问的各国使者络绎不绝。齐景公的宠臣梁丘据等人说：
"这次国君得病，我们拿出最丰厚的祭品祈求鬼神消灾免祸，但君主的病却有
增无好，这是负责祭祀、祷告的祝史们用心不诚所致。别国不了解情况，还
以为是由于我们祭品不丰、不敬鬼神！现在应该杀掉为首的祝固、史嚣，也
好对各国使者有个交代。"齐景公听后颇觉顺耳，就将此事告知晏婴。

晏婴说："早年在宋国召开弭兵大会时，楚大夫屈建曾向晋大夫赵武询问
已故晋国名卿范会的德行。赵武答道：'范氏治家井井有条，为政不讲私情。
他家的祝史祭祀时总是如实地向鬼神诉说，毫无愧怍之色。因为家中没有彼
此猜疑之事，祝史也从不向神灵诉求什么。'屈建将这番话告知楚康王，楚
康王慨叹说：'范会治家理政使神人无怨，他能辅佐五君称霸诸侯真是理所
应当啊！'"

景公迷惑不解地说："现在正谈想杀祝史的事，你为何扯那么远呢？"

晏婴回答："一个有德之君，国事、家事俱不荒废，鬼神、人民都无怨声，

一举一动不违礼制，这样祝史言辞诚信，无愧于神灵，国家才会受到福祉。但是在昏君那里，外内邪僻，上下怨痛；沉迷声色，放纵私欲；摧残民力，聚敛不休；暴虐成性，肆无忌惮；不顾谤言，一意孤行。这时，如果祝史如实告知鬼神，就等于暴露国君的罪行；如果隐恶称善，就是欺骗神灵。祝史们进退维谷，左右两难，只好虚言媚神，于是鬼神降祸，国无宁日。刚才我举范会'神人无怨'的事例，就是想说明道理比祝祷更为重要啊！"

景公又问："那么应该怎样做？"

晏婴说："不可滥杀祝史。看看当今齐国的状况吧，山林湖泽之利都被官府垄断；境内关卡重重，关吏肆意盘剥；世袭贵族，强购民物，大兴土木，丧尽廉耻；国家政令无常，横征暴敛；宫中妻妾，恃宠跋扈，巧取豪夺于商市；左右小臣，狐假虎威，发号施令于边鄙。百姓痛苦万状，无不诅咒国君。祝祷如果有益，诅咒岂能无损？在齐国这块辽阔的土地上，诅咒者该有多少？宫中几个祝史再有本领，怎敌得过亿人的诅咒？国君还是缓杀祝史，赶紧勤俭治国吧！"

齐景公听后心悦诚服，便下令取消山泽之禁和关税，减轻百姓的负担。

## ◎故事感悟

晏婴痛斥奢侈浪费，无情地抨击征敛无度和严刑峻法，抨击统治者的愚昧和腐朽，特别是敢于针砭时弊，批评国君，尽到一个大臣的责任和义务。他不但本人厉行节俭，而且还不遗余力地倡导和推行节俭，这些都已远远地超越了他当时所处的历史局限，而具有永久的思想价值，让人们体会到，提倡节俭的必要性和长久性。

## ◎史海撷英

### 折冲樽俎

春秋中期，诸侯纷立，战乱不息，中原的强国晋国谋划攻打齐国，为了探清齐国的形势，便派大夫范昭出使齐国。齐景公以盛宴款待范昭。席间，正值酒酣耳热，均有几分醉意之时，范昭借酒劲向齐景公说："请您给我一杯酒喝吧！"景公回头告诉左右侍臣道："把酒倒在我的杯中给客人。"范昭接过侍臣递给的酒，一饮而尽。晏婴在一旁把这一切看在眼中，厉声命令侍臣道："快扔掉这个酒杯，为主公再换一个。"依照当时的礼节，在酒席之上，君臣应是各自用个人的酒杯。范昭用景公的酒杯喝酒违反了这个礼节，是对齐国国君的不敬。范昭是故意这样做的，目的在于试探对方的反应如何，但还是被晏婴识破了。

范昭回国后，向晋平公报告说："现在还不是攻打齐国的时候。我试探了一下齐国君臣的反应，结果让晏婴识破了。"范昭认为齐国有这样的贤臣，现在去攻打齐国，绝对没有胜利的把握，晋平公因而放弃了攻打齐国的打算。

## ◎文苑拾萃

### 晏婴谏齐景公

齐景公在位的时候，雪下了三天不转晴。景公披着狐皮大衣，坐在朝堂一侧台阶上。晏子进去朝见，站了一会儿，景公说："奇怪啊！雪下了三天，可是天气不冷。"晏子回答说："天气真的不冷吗？"景公笑了。晏子说："我听说古时候好的君主自己吃饱了却想到别人的饥饿，自己暖和了却想到别人的寒冷，自己安闲了却想到别人的劳苦，现在您不曾想到别人啊。"景公说："好！我受到教诲了。"于是他命人发放皮衣、粮食给饥饿寒冷的人。在路上见到的，不必问他们是哪乡的；在里巷见到的，不必问他们是哪家的；巡视全国统计数字，不必记他们的姓名。士人已任职的发给两个月的粮食，病困的人发给两年的粮食。

孔子听到后说："晏子能阐明他的愿望，景公能实行他认识到的德政。"

# 汉文帝节俭带来盛世

◎俭以寡营可以立身，俭以善施可以济人。——《古今图书集成·家范典》

> 刘恒（公元前179—前157年），汉文帝，汉朝第五位皇帝，汉高祖刘邦四子，惠帝刘盈弟，母薄姬。在位期间，继续执行与民休息和轻徭薄赋的政策，使汉朝从国家初定走向繁荣昌盛的过渡时期。后世将这一时期与其子景帝执政的时期统称为"文景之治"。

西汉时期，汉文帝刘恒在位23年，景帝刘启在位16年（公元前156—前141年），这个时期历史上称为"文景之治"。它是继西周"成康之治"以后，又一个盛世。

汉文帝目击继位前后，经济凋敝，荒地未耕，民有饥色。他开始奉行与民休息政策。于是，他采取一系列节约安民的措施：裁减京师卫队；调拨皇室马匹，充实驿站；遣出惠帝后宫美人，令之改嫁；撤销旧有苑囿，将土地赐予农民；免官奴婢为庶人；严禁列侯夫人、诸侯王子食二千石和擅自征捕；抚恤赏赐孤寡老弱；下诏咨询"百官的奉养是否过于浪费？无用的事是否办得太多？为什么百姓的粮食如此缺乏？"等等。

文帝在位的23年中，宫室、苑囿、车骑、服御均无所增添。他曾想造一个露台，招工匠计算，需花费一百两黄金。文帝说："百金相当于中等人家十家的财产，为什么要造这个台呢？"于是下令不造此台。

文帝平时经常穿着黑色粗布做的衣服，就连对他最宠爱的慎夫人，要求也很严格。规定衣裙下摆不准拖到地面，帷帐是素面，全不刺绣，也没花边。

他修建陵墓时，下令随葬品只能用陶器，禁止用金银铜锡等贵重物品。他在遗诏中说："给我送葬的车马，不准陈列兵杖；送葬人带的白布孝带不准超过三寸；治丧期要短，在治丧期间，不要禁止百姓结婚、祭祀、饮酒和吃肉。"

由于汉文帝采取了选贤治国、轻徭薄赋、带头执法等一系列与民休息措施，也由于他带头节俭形成的俭朴之风，使西汉出现了社会安定、人给家足的繁荣景象。

## ◎故事感悟

汉文帝能充分利用他的仁义，做到勤俭节约，安邦定国，才出现了"文景之治"的景象。

## ◎史海撷英

### 文帝改革肉刑

文帝最重要的改革是废除肉刑，改革刑制。改革的起因是缇萦救父。文帝十三年（公元前167年），齐太仓令淳于意犯了罪，应当受刑。汉代的肉刑主要有黥刑（脸上刺字）、劓刑（割去鼻子）、刖刑（砍去左足或右足）和宫刑。淳于意因为做过官，所以要押解到长安去受刑。淳于意幼女缇萦非常悲痛，便随父到长安，上书文帝，说："臣妾愿意入官府为奴婢，来抵赎父罪。"文帝怜悯她的一片孝心，下令赦免了淳于意的肉刑，令其携女归家，并且下诏废除肉刑，改革刑制。

# 刘裕崇尚节俭

◎为政之要，曰公与清。成家之道，曰俭与勤。——林逋《省心录》

刘裕（363—422年），宋武帝，字德舆，小名寄奴，彭城县绥舆里（今江苏铜山）人。杰出的政治家、军事家，南北朝时期刘宋王朝的开国皇帝，公元420—422年在位。

魏晋以来，世风崇尚奢靡，赛豪华、斗富丽的故事很多。刘裕因为经历过贫困生活，所以十分注意禁止奢靡作风。他平时清简寡欲，对珠玉车马、丝竹女宠都很有节制。他称帝入宫，住处还是用土屏风、布灯笼、麻绳拂。他的孙子看了讥笑他是"乡巴佬"。他本人平时穿着也十分随便——连齿木履、普通裙帽。他还把他补缀多层的破袄给长女，并嘱咐她：后代如有骄奢不知节俭的，就拿给他们看看。女儿出嫁，陪送也不多，不给锦绣金玉。

刘裕还保存自己少年时期使用的农具，用以教育后代，使其知道耕种庄稼的艰难。岭南生产一种过于精细的细布，因其过于劳民，他责令该郡太守立即停产。在他的影响下，内外上下，奢靡之风为之一扫。

刘裕的这些做法不仅在当时消除了弊政，扭转了世风，对其后世的影响也是深远的。他儿子文帝时期出现的兵车不用、民无外劳、粮食遍野、夜不闭户、家给人足、处处歌舞的"元嘉之治"就是证明。

◎故事感悟

刘裕能够自奉俭约，戒奢戒俭，才能出现"元嘉之治"的繁荣景象。他能保

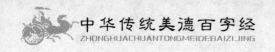

持这种勤俭的作风，确实值得敬佩。上行下效，为官者的言行举动，都会对老百姓产生深刻的影响。

## ◎史海撷英

### 刘裕的吏治

在吏治上，刘裕于永初二年（421年）三月，规定"荆州府置将不得过2000人，吏不得过一万人；州置将不得过500人，吏不得过5000人。兵士不在此限"（《宋书·武帝本纪》）。这是由于东晋末年，置官滥乱，给人民带来沉重负担，刘裕及时对此进行了制止。在法制上，刘裕对东晋以来苛刻的刑法也进行了改革，永初三年（422年）正月，下诏"刑罚无轻重，悉皆原降"（《宋书·武帝本纪》）。

## ◎文苑拾萃

### 刘裕巧遇寄奴草

传说南朝武帝刘裕的小名叫刘寄奴，他不但是一个行伍出身的封建政治家、军事家，而且还是个懂医道、知药性的杂家。

据说刘裕在没有当官时，很喜欢在山上打猎。一次曾在山上射伤过一条蛇。第二天，刘裕又在山中闲走，遇见一个童子在树下捣药。刘裕问："你在这里为谁捣药？"那位童子忙说："我们的大王被刘寄奴射伤了，和了这种药去给他敷伤用。"刘裕又问："那么你们的大王为什么不杀了刘寄奴？"童子答道："都说刘寄奴将来能当皇帝，杀不得的。"刘裕听了之后大喝一声："好家伙！"眨眼间童子不见了。于是刘裕把这些药拿了回来，谁被刀箭伤了，他就用此药敷上，几日便好了。这种药草一传十、十传百，因其疗效好又都知道是刘裕给传来的，就用他的小名寄奴命名为刘寄奴草。

后来，刘裕当了南朝皇帝，先后两度北伐，灭南燕、后秦，攻克洛阳、长安等地，沉重地打击了奴没北方汉族人民的外族统治者，得到了北方汉族人民的热烈拥护。著名爱国词人辛弃疾对刘裕北伐的业绩非常敬仰，曾填词称赞道："斜阳草树，寻常巷陌，人道寄奴曾住。想当年，金戈铁马，气吞万里如虎。"

# 隋文帝厉行勤俭

◎仁以厚下，俭以足用。——《资治通鉴》

隋文帝（541—604年），杨坚，鲜卑赐姓是普六茹，小字那罗延。隋朝开国皇帝，其父杨忠是西魏和北周的军事贵族，北周武帝时官至柱国大将军，封为隋国公，杨坚承袭父爵。初唐的李延寿在《北史》中赞美隋文帝，"皇考美须髯，身长七尺八寸，状貌瑰伟，武艺绝伦；识量深重，有将帅之略。"伟大的政治家，民族英雄。

公元589年，隋文帝杨坚实现了南北方的重新统一。他总结了前人的经验教训，认识到勤俭是治国最重要的有效途径。

为振兴国家，他身体力行，勤于政事，俭于自奉，每天一早，便上朝理政，直到过午还不知疲倦；乘车外出途中，遇到有人上书，便亲自停下来过问。在生活上，他规定从帝王到后宫，服饰器用，务求节俭。妃嫔们的衣服，只要能穿，就不换新的；宫人们的衣服脏了，都要洗过再穿；车舆上的东西破了，补补之后再用。隋文帝自己的衣服和用物，也是用坏了随时送去修补，补好再用。

有一天，隋文帝见到太子杨勇的铠甲曾精心地装饰过，很不高兴，便把太子叫到跟前，很严厉地告诫他说："自古帝王没有好奢侈而能长久的。你当太子，应该把俭约放在首位，将来才能继承好皇位。为了让你学习我的榜样，我过去穿过的衣服，你应该各留一件在身边，经常观看，以便时刻提醒自己不要奢侈。"

有一次，隋文帝身患痢疾。配些止痢药，需用一两胡椒粉，可是找遍了宫中上下都找不到。又一次，他到灾区视察，他拿着老百姓吃的糠给群臣看，痛苦地责备自己无德，表示今后膳食从简，不吃酒肉。

由于皇帝躬行节俭，使当时社会也出现了俭朴之风。一般士人平日多穿布帛，装饰品也只用铜、铁、骨、角制造，不用金玉，为国家节省了大量的金钱和物资。

为了提倡节俭，形成风气，隋文帝还从法律上规定，对挥霍无度者，严惩不贷。

隋文帝还经常派人侦察朝内外正官，发现罪状便加重惩罚。他痛恨官吏的贪污行为，甚至秘密派人给官吏送贿，一旦接受，立即处死。

他的儿子杨俊生活奢侈，被发现后，勒令禁闭。大臣杨素认为罚得太重，隋文帝说："皇上和百姓只有一个法律。照你说来，为什么不另造皇子律？"

由于隋文帝在建国初能厉行勤俭，使得政治较为清明，阶级矛盾相对缓和，人民的负担比南北朝时期有了显著的减轻，经济呈现出繁荣景象。

可惜，隋文帝晚年对自己提出的要求没能坚持始终。他的儿子杨广上台后，奢侈无度，不久就被农民起义推翻了。

## ◎故事感悟

相信隋文帝明白，骄奢淫逸必然导致横征暴敛，引起人民反抗，所以他勤俭治国而使国富民强，社会繁荣。而作为我们，也该向隋文帝学习那种勤俭的作风。

## ◎史海撷英

### 开皇之治

杨坚成功地统一了历经数百年严重分裂后的中国，从此中国在以后的封建制度统治中都保持着他所建立的政治统一。

鉴于东汉至隋南北分裂达四百多年之久，民生困苦，国库空虚，故自开皇九年杨坚统一天下后，即以富国为首要目标，轻徭薄赋以解民困，在确保国家赋税收入之同时，稳定民生。由于南北朝以来，户籍不清，税收不稳，于是杨坚开皇五年，即大索貌阅，并接纳尚书左仆射高颎之建议，推行输籍法，作全国性户口调查，增加国家税收，改善经济，尽扫魏晋南北朝以来隐瞒户籍之积弊，促成开皇之盛世。

## ◎文苑拾萃

### 杨坚（其一）

佚名

一意千秋业，劬劬苦作营。
江山非所托，老命亦捐倾。

### 杨坚（其二）

佚名

欺蒙杨广术，不识叹隋文。
尚未知其子，焉能识别人？

# 苏世长讽谏唐高祖莫忘节俭

◎奢侈是民族衰弱的起点。——格言

唐高祖（566—635年），李渊，唐朝建立者。公元618—626年在位。字叔德。赵郡昭庆（今河北隆尧东）人，一说出自塞北。袭唐国公爵。隋大业十三年（617年）任太守留守，乘隋朝在农民大起义打击下土崩瓦解之时，起兵取长安，次年建立唐朝。玄武门之变后，传位次子李世民，称太上皇。

唐建国之初，苏世长劝谕李渊吸取隋朝奢侈亡国的教训，严以自律，厉行节俭。

有一次，李渊邀请苏世长到长安披香殿饮宴。披香殿是李渊精心设计建造的最华丽的宫殿。建造之时，李渊招募了全国最好的工匠，又借鉴历朝的宫殿，仿照秦朝的阿房宫式样，金饰屋壁，银裹柱梁，铜门漆户，瓷地罗帷。对于寻常人，李渊不在这里接待。在此接待苏世长，本想表示对其的尊重和宠爱。苏世长也是第一次到这个披香殿内来。

一进殿，苏世长就大吃一惊，李渊竟悄悄建了这样一个华丽处所隐藏着，可见，平日向他进谏的"治国之本，节俭为先"的话全白说了，今日要用什么办法来让他省悟呢？苏世长陷入了沉思。但外表上他不动声色，谈笑自若。一会儿美女献上美味佳肴、琼浆玉液，苏世长也不推让，便和李渊杯瓶如梭，开怀畅钦。当李渊令侍女斟酒三杯之后，苏世长精神更为奋激，便对李渊禀奏道："今日蒙圣上厚爱，在如此华丽、辉煌的隋炀帝宫殿宴饮下臣，下臣实在感恩不尽！"

"苏卿一贯喜欢进谏，给人的印象是你很直率、坦白、心地如镜。现在看来，世人都看错了，苏卿是最为狡诈不过的了！"李渊以戏谑的口吻笑着说。

"圣上何以见得下臣狡诈？"

"这宫殿本是朕精心建造，你为何说是隋炀帝的宫殿？"

"这宫殿如此豪华精美，原来不是隋炀帝建造的呀？"

"这是朕花了五年时间，遍招天下能工巧匠建造的，怎么是隋炀帝建造的？"

"请陛下恕罪，下臣实在不知。下臣过去陪伴陛下，只见陛下在夺取天下之时艰苦节俭，所住的居室不求华丽，只要能遮风避雨就行；所盖被褥，皆用粗丝缝制，破旧了还不准人换新的；所穿衣袍，也多是破旧补过的。我清楚记得，有一次，一个侍卒将陛下的破旧马笼头丢了，换上一副饰有银饰的笼头，陛下还将侍从狠狠训斥一顿，硬不用那银饰的，又去将旧笼头找来套上。圣上当时还说：'国之兴衰，人之能否成器，只需用"节俭"二字量之，便可知矣。'臣万万想不到，隋的寝宫、鹿台的琉璃瓦会在这里看见。殿内珍珠满屋、银柱金梁、美女盈室，也只有隋炀帝的宫殿才有。圣上前后变化，下臣实在是不敢相信是真的啊！"

唐高祖李渊在听了苏世长的话后，内心展开了激烈的斗争：是啊，我的变化为什么这样大呢？怎么在我不知不觉中，已走上了隋炀帝灭亡的道路了？不是苏世长提醒，我不是还要继续走下去吗？怎么这段日子像在梦中一样呢？

苏世长见李渊皱着眉不吭声，明白自己的话已有几分效力，还要紧抓不放、便说："陛下，下臣因一时高兴，多喝了几杯酒，醉意上来，神志不清，胡言乱语一通，请陛下恕罪。"

"不！"李渊颇有感触地说，"我确实走上了亡隋的道路。不是苏卿的提醒，我现在还醒悟不过来。"

苏世长听到这里，赶快跪下叩谢，说道："陛下这一醒悟，实在是可喜可贺！这是百姓的大福、社稷的大福、国家的大福啊！不瞒圣上说，下臣早已为圣上登基之后的日渐奢靡十分担忧。隋朝就因为奢靡无度，使人民负担沉重，痛苦不堪，最终使天命归于有道的明君。圣上如今取得江山，应该是戒

除隋朝的奢侈荒淫，不要忘记打江山时的勤俭节约啊！现在刚刚打得天下，你便学着秦、隋盖起这样的宫殿来，想使天下养息元气，倡廉励俭，澄清混乱的局面，这能办得到吗？"

## ◎故事感悟

　　帝王尽管不是普通人，也会经常犯错。唐高祖李渊能够吸取臣子的意见，实行勤俭立国和裕民政策，才能使唐王朝的江山得以长久。这个故事教育我们不能忘记节俭的美德，而要使其发扬光大。

## ◎史海撷英

### 唐朝的府兵制

　　府兵是唐初的主要军事力量，其编制的基本单位是折冲府（又称军府）。府分三等，上府1200人，中府1000人，下府800人。军府长官为折冲都尉，副职为左右果毅都尉。府兵称卫士或侍官。军府分别隶属于十二卫和六率。十二卫各设大将军一人，直接听命于皇帝。六率各设率一人，隶属于太子。军府最多时有634个，约40%分布在京师所在的关中，以便中央政府手握重兵，控制四方。府兵必须凭尚书省兵部的兵符才能调拨。战时由皇帝命将率军出征，战争结束，将领回朝，士卒归府，将无常兵，难以干预国政。

## ◎文苑拾萃

### 苏世长讽刺唐高祖

　　苏世长原来追随王世充与李渊争夺天下。王世充失败后，他便归附了李渊。一次，唐高祖李渊到高陵去打猎，获得好多禽兽，他便问跟随他的群臣："今天围猎高兴吗？"苏世长答道："陛下把朝中的政事搁下出来打猎，还不到一百天，算不上快乐！"李渊一下子变了脸色，继而又笑着说："你又犯狂病了吧？"苏世长说："对我来说，确实是狂；对陛下来说，却是非常的忠。"

# 朱元璋勤俭治国

◎奢侈和淫靡只是一种社会腐化的现象，绝不是原因。——鲁迅

> 明太祖朱元璋（1328—1398年），原名重八，后取名兴宗，濠州（今安徽凤阳县东）钟离太平乡人，明王朝的开国皇帝。25岁时参加郭子兴领导的红巾军反抗蒙元暴政，龙凤七年（1361年）受封吴国公，十年自称吴王。元至正二十八年（1368年），在基本击破各路农民起义军和扫平元的残余势力后，于南京称帝，国号大明，年号洪武，建立了全国统一的封建政权。朱元璋统治时期被称为"洪武之治"。葬于明孝陵。

明朝开国皇帝——明太祖朱元璋是位崇尚节俭的帝王。他当了皇帝之后，没有像有些帝王一样贪图行乐，而是仍然过着非常节俭的生活。他经常对臣子们说："珠玉非宝，节俭是宝。"

有一次，方国珍派人送给朱元璋一个饰满金玉的马鞍，朱元璋坚决不收，对来使说："现在国家还不稳定，所需要的是大批的人才，所急用的是粮食布锦，金银宝贝没有什么用，不是我所喜欢的。"元朝的降将张相昶暗中指使人上书朱元璋，劝他及时行乐。

朱元璋看到上书后大怒，将他的书信一把火烧掉了，并且说："这个人是想当赵高呀！"

陈友谅有一张镂金床，做工极为考究，江西行省得到之后，将此床送给皇帝，朱元璋却说："这同孟昶的七宝溺壶有何两样？"于是他下令将其毁掉。

朱元璋还反复告诫官吏们不要骄奢淫逸。对那些廉洁奉公、勤俭朴素的

官吏，朱元璋厚加奖赏，以资鼓励。大将徐达战功卓著，但却从不恃功自傲，一直住在一座破旧的小房子里，朱元璋就给他盖了座新宅院，并在院门前立下牌坊以示表彰。而对那些奢侈的官吏，他则严加惩罚。

有一次，一个散骑舍人穿了一件十分华贵的衣服在宫中行走，朱元璋看到了，就问他："这件衣服得花费多少钱呢？"

他回答说："500贯。"

朱元璋说："500贯钱，这足够一个数口之家的农民一年的生活费用了，而你却拿来做了一件衣服，如此骄奢，简直是太糟蹋东西了。"他立即命这个人将衣服脱掉，不许再穿。

又有一次，他看见两个宦官穿着新靴故意在雨中走路，顿时大怒，斥责他们说："一双靴子虽是件微不足道的东西，但也都是百姓的血汗做成的。从种棉到成靴绝非一日之功，而你们却竟敢如此的不爱惜！"说完他下令对那两名宦官处以杖刑。

朱元璋为教育子孙不忘创业的艰难，还命人把自己的艰难经历画在了宫殿里，并告诫子孙们说："富贵易骄，久远易忘，后世子孙长在深宫，只看到富贵，习惯了奢侈，不知道祖宗起家之艰难，现在你们要朝夕看一看我的经历，不忘祖本。"

他还规定，他的儿子们如要外出，近的一律步行，远的也只能骑马走十分之七，剩下的十分之三必须步行。他说："上面朴素节俭，帝业方可久传，后世子孙，必须守此法。"

有一次，他的儿子们和朱元璋一起外出。朱元璋特意叫手下人带路，沿途到农民家中一家家地察看，看他们家里的器具物品和日常饮食。

回到宫中后，他语重心长地对儿子们说："你们都看到了吗？农民们身不离田地，手不离犁锄，一年到头劳作不停，从没有休息过。可是你看他们，住的不过是茅草屋，穿的不过是粗布衣，吃的不过是粗茶淡饭。而国家的经费却要全部由他们负担！所以我特意让你们知道，以后凡是吃穿住用，一定要想到农民生活的艰辛，要尽可能地使百姓免于饥寒。如果不顾一切，只知道横征暴敛，老百姓就没有活路了！"

## ◎故事感悟

"勤俭为治身之本，奢侈为丧家之源。作为人主，当远声色，去奢靡，清心寡欲。"这句话不应只是对皇帝而言，而应所有的人都要身体力行，只有这样才可平民保家，保一方平安。

## ◎史海撷英

### 朱元璋打击贪官

朱元璋出身贫苦，从小饱受元朝贪官污吏的敲诈勒索，他的父母及长兄就是死于残酷剥削和瘟疫，自己被逼迫从小出家当和尚。所以，在参加起义队伍后就发誓：一旦自己当上皇帝，先杀尽天下贪官。

后来他登基皇位不食言，果然在全国掀起轰轰烈烈的"反贪官"运动，矛头直指中央到地方的各级贪官污吏。

朱元璋对贪污60两银子以上的官员格杀勿论。当发现御史宇文桂身藏10余封拉关系拍马屁私托求进的信件后，他立即派人对中央各部和地方官府进行调查。结果显示从上到下贪污腐败现象极其严重，他龙颜大怒，立即诏令天下："奉天承运，为惜民命，犯官吏贪赃满六十两者，一律处死，决不宽贷。"并称：从地方县、府到中央六部和中书省，只要是贪污，不管涉及谁，决不心慈手软，一查到底。

朱元璋敢于从自己身边"高干"开刀。明初的中书省下属吏、户、礼、兵、刑、工六部，由于大量留用元朝的旧官吏以及一些造反起家的功臣，他们有恃无恐贪赃枉法。朱元璋大胆对这些官员进行惩处。

# "力崇节俭"的道光

◎文臣不爱钱，武臣不惜死，天下太平矣。——岳飞

　　道光皇帝（1782—1850年），清宣宗，名爱新觉罗·绵宁，后改为爱新觉罗·旻宁，满族。嘉庆病死后继位，是清入关后的第六个皇帝，在位30年。死后葬于慕陵（今河北省易县西）。

　　道光作为一代君王，不但对国家有着赤诚之心，还是一位"力崇节俭"的帝王。

　　道光帝素以"节俭"著称。在民间有关清朝皇帝的传说中，他从来没有风流艳事。私家记载他的一些逸闻，几乎都与"节俭"有关。《郎潜纪闻二笔》云：

　　"宣宗中年，尤崇节俭，尝有御用黑狐端罩，衬缎稍阔，令内侍将出四周添皮。内府呈册需银千两，乃谕勿添。明日，军机大臣入侍，谕及此事，自是京官衣裘不出风者，十有余年。"道光帝是否首倡这样一次"新潮"服装，并在京官中流行起来，当然无从考订，不过翻检一下《清宣宗实录》的官方记载，他倡导节俭的言行几乎随处可见。

　　道光元年十一月初八，道光帝御乾清门听政，颁《御制声色货利谕》。这是一篇系统论述君王必须崇俭黜华的上谕，首先指出："声色之为害大矣"，"为人君者，尤当以礼自防，无为所惑"，"后世子孙，若能体朕之心，法朕之行，成朕未竟之事，造次无忘不迩声色之谕，即我大清万世天下臣民之福也"。接着，他说明贡物必须加以限制的道理："人君不可有私财，有私财必有

私事,有私事必有私人,有私人则不为其所愚者鲜矣","要在为人上者,知稼穑之艰难,力崇节俭,返本还淳","省一分,天下阴受一分之福,于吏治民生,不无小补也"。至于亭台苑囿,他认为,如今已有规模,不需要继续经营,鼓吹兴工营作者,"乃我大清万世之罪人,即应立正典刑,暴白天下"。他号召官员监督皇帝在这方面的举止:"我后世子孙,若不遵循旧制,纵欲无厌,或有谗佞荧惑,罔顾是非,当时之满汉大学士、军机大臣、都察院堂官暨科道等,即持朕谕,交章进谏"。倘君主不纳,就是"甘为祖宗之罪人",若臣工不犯颜强谏,就是"万世不忠之臣"。

道光还提出一些比较经典的话,比如:"所谓俭者,宫室必期其卑也,饮食必期其菲也,不欲以一己之奉累天下,以天下之利还之天下","行俭贵在一人,不以天下自奉,非概从悭吝也。"所以后来纂修他的"圣训"时,编者特辟"俭德"一门,专门收入他的这类言论。

他的这些话,并非徒托空言,而是力求身体力行。即位之初,他就下令停福建荔枝贡、扬州玉贡,随后命减各省方物例贡,发给朱圈贡目,"毋得任意加增"。以后,贡目中的陕甘口外梨贡、两淮盐政进贡的烟盒花爆等亦相继停办。他虽然十分强调"恪守祖制",但热河避暑、木兰秋狝等清室相沿成习的活动,均因耗费过大、扰及地方而很少举行。除了每年祭扫祖陵,他很少离开京师。他如停兴筑、罢南府、撤三山及各园苑陈设等,尽量压缩宫室的排场,内廷重要节日的进献、筵宴亦时常传谕停办。道光二年正月,谕令皇室婚事"不得以豪华相尚,一概务从俭约,复我满洲淳朴旧俗"。他对于国用开支似乎也常常在那里掂量算计,如发兵征讨张格尔时坚持制定军需则例;多次谕令整顿河工费用,甚至命吏部制订议处河工赔项银久不交纳的章程,"纂入例册,永远遵行"等等,就是很好的例子。鸦片战争时期他之所以一会儿调兵,一会儿撤军,也与节省军费开支的主导思想有关。

## ◎故事感悟

作为帝王,尽管道光帝也有不妥之处,但他希望通过自己"节俭"的言行,

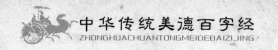
煞住奢靡风习的蔓延，人人都来当安贫乐道的君子，这一点还是值得肯定的。他虽然知道"世变风移"有"不期然而然之势"，却仍然执拗地呼唤"淳朴"旧俗的再现！

## ◎史海撷英

### 虎门销烟

虎门销烟（1839年6月）是指中国清朝政府委任钦差大臣林则徐在广东虎门集中销毁鸦片的历史事件。1839年6月3日，林则徐下令在虎门海滩当众销毁鸦片，至6月25日结束，共历时23天，销毁鸦片19187箱和2119袋，总重量2376254斤。虎门销烟成为打击毒品的重要历史事件。

## ◎文苑拾萃

### 道光通宝

道光通宝是中国古代钱币之一，于道光年间铸。钱径一般2.2—2.7厘米，重2.5—3.6克。钱文"道光通宝"四字以楷书书写。从上而下而右而左直读，钱背是记有宝局二十名的满文。"道光通宝"形制特点基本与嘉庆钱相同，所不同者只是新疆阿克苏、库车因缺少黄铜而开始铸折五当十升值平钱。这是清代虚值大钱的滥觞。